Annerose Kirchner

Der Rausspeller

Begegnungen
mit Thüringer
Handwerkern

Annerose Kirchner

Der Rausspeller

Begegnungen
mit Thüringer Handwerkern

Mit Fotografien
von Frank Herzer

quartus-Verlag

Die Entstehung dieses Buches wurde durch ein Stipendium des Thüringer Ministeriums für Wissenschaft, Forschung und Kultur gefördert.

Die Deutsche Bibliothek – CIP-Einheitsaufnahme
Kirchner, Annerose; Der Rausspeller.
Begegnungen mit Thüringer Handwerkern.
Mit Fotografien von Frank Herzer.
Annerose Kirchner. – 1. Aufl. –
Bucha bei Jena: **quartus-Verlag** 1999
ISBN 3-931505-65-0

Titelbild: Detail der Muldenherstellung.
Aufnahme: Frank Herzer

1. Auflage 1999

ISBN 3-931505-65-0

© 1999 by **quartus-Verlag**, Bucha bei Jena.

Einband, typographische Gestaltung, Satz, Lithographien:
Frank Naumann, Erfurt, AGD
Belichtung, Druck: Gutenberg Druckerei GmbH Weimar.
Bindung: Großbuchbinderei Schirmer Erfurt

Das Werk einschließlich aller seiner Teile ist urheberrechtlich geschützt. Jede Verwertung außerhalb der engen Grenzen des Urheberrechts ist ohne schriftliche Zustimmung des Verlages unzulässig und strafbar. Dies gilt insbesondere für Vervielfältigungen, Übersetzungen, Mikroverfilmungen und die digitale Speicherung und Verarbeitung.

Inhalt

Der „Rausspeller"
Erich Dämmrich, Muldenhauer, Bad Klosterlausnitz (1997/99) 7

Töne im „Geschling"
Arno Barthelmes, Stimmgabelhersteller, Zella-Mehlis (1997/99) 25

„Charakter jeder Art"
Irene Hanf, Maskenmacherin, Ohrdruf (1998) 45

Aus Zwei mach Zehn ...
Axel Frank, Edelsteinschleifer, Hörselgau bei Gotha (1997/98) 65

„Es ist der Stock, der manchem fehlt"
Wolfgang Geyer, Stockmacher, Lindewerra im Eichsfeld (1999) 77

Feenhaar, original gelockt
Gisela Karl, Glasspinnerin, Lauscha (1998/99) 97

„Geschenkte Borsten"
Walter Nitsche, Borstpinselmacher, Reinsdorf bei Greiz (1999) 113

„Das Gefühl für den Stein ist in mir drin"
Hans-Jürgen Gäbler, Steinmetz, Oberndorf bei Gera (1999) 127

Der Wind steht auf einem Fuß
Andreas Rösel und Holger Hercher, Orgelbauer, Saalfeld (1999) 143

„Kein Rädchen läuft umsonst"
Christel Wehner, Müllerin, Weilar bei Bad Salzungen (1999) 157

Quellenverzeichnis 174

Danksagung 175

Über die Autoren 176

Der Muldenhauer Erich Dämmrich.

Der „Rausspeller"

Erich Dämmrich, Muldenhauer, Jahrgang 1934, Bad Klosterlausnitz

*Mulde, aus einem einzigen Stück Holz
gefertigtes nachenförmiges Gefäß
zum Backen, Waschen, Transportieren
des Fleisches etc.
Meyers Großes Konversations-Lexikon,
Leipzig und Wien 1906*

*Mulde: speziell ‚längliches Gefäß aus
Holz'... Die aus einem einzigen Holzblock
gearbeiteten Mulden dienten vor allem
zum Zubereiten des Kuchenteigs und der
Wurstmasse beim Schlachten ...
Karl Spangenberg, Kleines Thüringisches
Wörterbuch, Rudolstadt 1994. – Bisher letzter
nachweisbarer Eintrag zum Stichwort.*

1

Hinter Meusebach ist die Welt zu Ende. Bevor sich der Fahrweg ins Seitental verliert, bildet er einen Abzweig zur Köhlerei. Vor vierhundert Jahren schwelten hier die ersten Meiler; heute stehen an ihrer Stelle wuchtige Metallglocken. Morgenstunde hat Gold im Munde: „Loffenfranz" und „Liddie" kräuseln erste Rauchwölkchen; die anderen Meiler, darunter „Otto", „Emma" oder „Egon", werden später beschickt. Zügig schaufelt die Köhlerin Petra Schulze Holzkohle in Papiersäcke. Das mattglänzende Geworfel knirscht und raschelt wie zerstoßene Krude. Geräusche überdeutlich wahrzunehmen in der Stille des Waldes. Stimmt es doch, daß die Spatzen ausgeflogen sind, wie jedem Fremden gern erzählt wird? Die Sage „Der Sperlingsbaum von Meusebach" belegt, daß eine Vogelplage einst den Landleuten zu schaffen machte, bis ein findiger Waidmann Fichtensamen aussäte und Bucheckern pflanzte. Mit dem wachsenden Wald verschwanden die Spatzen auf „Nimmerwiederkehr". Vielleicht pfeifen sich jetzt einige Spatzen im Dorf was von den Ziegeldächern ...

Diese Geschichten kennt der Muldenhauer Erich Dämmrich seit seiner Kindheit und lächelt darüber. Ihm verspricht der sonnige Aprilmorgen einen guten Tag, wie er ihn seit Wochen gewünscht hat. Er wischt sich mit der Hand über den rechten Mundwinkel, als habe er schon zuviel gesagt. Große Worte liegen ihm nicht. – Ganz bewußt hat er den Platz vor der Köhlerei fürs Abrichten der neuen Mulde gewählt. Ein Muldenhauer arbeitet grundsätzlich im Freien und benötigt für den ersten von fünf Arbeitsgängen vor allem den richtigen Untergrund. „Zuhause, im betonierten Hof, wollte ich se nich abrichten. Der Boden gibt ja nich nach. Kann dort schlecht das Holz aufspalten und aushacken, is zu gefährlich", sagt Erich Dämmrich und erinnert sich. 1993, während der Vorführung auf der Handwerksmesse in Kuopio/Finnland, brach das fast fertige Gefäß auseinander. „Zu starke Spannung im Holz, Betonfußboden", lautet der Kommentar. Dieter Schulze, der hinten im Köhlergrund das Mittelalter in seine Werkstatt holt, Schwerter schmiedet und Blech für Blech zu Rüstungen biegt, war damals Zeuge. Ein Jahr zuvor, am Tag des Maibaumsetzens in Bad Klosterlausnitz, splitterte der Axtstiel. „Konnt' mich damals zwei Tage lang nich bewegen. Muskeln verzerrt. Der Untergrund war zu harte. Einmal hab' ich an der Mulde zuviel weggehackt rundrum, da war keen Splint mehr da. War schon an den Jahresringen dran, am Kernholz. Zu dünne Wände, sind weggesprengt", fügt er hinzu und verfällt in seinen „Hulzlänner" Dialekt: „Su a Mullnhauer macht ooch mal Fehler."

Er greift nach dem Schleifstein. Ein Stein, der gut in der Hand liegt. Glasermeister Max Schnacke hat ihn von den Niagara-Fällen mitgebracht und Erich Dämmrich geschenkt. „Den geb' ich nich her, so ein gutes Material krieg' ich nie wieder. Der beste Schliff für meine Axt."

Mulden entstehen aus Pappelholz, seltener werden Linde und Weide verwendet. Erich Dämmrich hat „seine" Schwarzpappel in Geisenhain gefunden, ein paar Kilometer von Meusebach entfernt. Warum keine „Napoleonpappel", die in Parkanlagen und Alleen wächst? „Hat keine saubere Faser", sagt der Muldenhauer. Die Schwarzpappel, Populus nigra L., schnellwüchsig, mit ihrem weichen, zellulosereichen Holz, besitzt, wie Erich Dämmrich mit Gesten unterstreicht, ein großes „Geweih" – eine breite Krone – und erreicht eine Höhe von dreißig Metern. Im Alter verkrustet ihre Rinde zur grün-grauen Borke. Die Pappel aus Geisenhain wuchs am Wasser des Rotehofbaches. „Dreißig oder fünfunddreißig Jahre alt", schätzt Erich Dämmrich mit einem Blick auf die Jahrsringe. „Älter als fuffzig bis sechzig darf sie nich sein." Er hat den Baum selbst mit der Kettensäge auf Länge geschnitten und danach die Mitte, den Kern, mit dem Zollstock angezeigt. Mit Holzkeilen rundum von beiden Längsseiten und von oben vorgespalten, entsteht ein klaffender Spalt, der wie eine Falle zuschnappen kann. Dreißig bis vierzig Schläge benötigt der Muldenhauer für einen Keil. Jeder Schlag muß sitzen, und die Kraft in den Handgelenken darf nicht nachlassen. Einmal hat er fast drei Stunden geschlagen, bis sich die Spalte öffnete. Das Schlagen fällt ihm von Jahr zu Jahr schwerer.

Bindfaden, Bleistift, das schmale Beil, Hauaxt und acht Eisenkeile, mehr Werkzeug braucht er jetzt nicht. „Früher hat mir der alte Schmied von Klosterlausnitz meine Dechsel, Schaber und Äxte hergestellt. Die benutz' ich immer noch und schleif' sie selbst."

Vorsichtig mit beiden Händen kantet Erich Dämmrich die Pappelhälfte auf zwei kurze in der Mitte ausgewölbte Balken. Danach kippt er sie zur Seite. Ein wackliger Untergrund, zugegeben, aber einer, der nachgibt. Das Holz der Innenfläche leuchtet weißgelb, fast alabastern. „Is geruchlos", weiß Erich Dämmrich, „aber es atmet, gibt seine Feuchtigkeit ab. Hab' beim Sägen gleich gewußt, 's taugt für eine Mulde." Früher hat er die Jahresringe gezählt, heute schätzt er mit Augenmaß und weiß genau, wie der Baum sich nach dem Licht orientiert.

Mit leichten Beilschlägen entfernt er die verkrustete Rinde. Wie von selbst blättern große, fast rechteckige Stücke auf. „Die Pappel wurde im Herbst gefällt, das war gut. Hat das beste Holz. April-Schlag ist zu naß, im Sommer kann sie dunkelblau verfärbt sein, das ist ganz schlimm, und im November ist der Saft raus." Ein halbes Jahr hat der zersägte Stamm gelegen, sich ausgeruht, ständig kontrolliert vom Muldenhauer. „Eine Pappel wächst im Jahr einen Zentimeter. Ich hab' schon Atzen gesehn, fuffzig Jahre alt, da wußt' ich nicht, wo die hinwachsen wollten."

Inzwischen ist die Mulde äußerlich grob „abgerichtet". Vorm Aushakken des Stammes benutzt Erich Dämmrich seine Hände als Zirkel. Rechter Daumen und Zeigefinger halten Bindfaden und Bleistift, die linke

Hand drückt den Faden auf die Mitte und die rechte Hand zieht an den Stirnseiten zwei gewölbte Querlinien. Jetzt ist der Umriß des rechteckigen Blockes zu sehen, den Erich Dämmrich mit Keilen aus der Form drücken wird. „Der ‚Rausspeller'." Das Wort wiederholt der Muldenhauer mehrmals. „Heißt schon immer so, weil er aus dem Holz raus muß." Jede Bewegung ist in Fleisch und Blut übergegangen. Alles geschieht ruhig und besonnen. Erich Dämmrich konzentriert sich auf den ersten Schlag an der Längsseite. „Brauch' kein Zielwasser ..."

2

Fa. Willy Claus Fuhrgeschäft, 23. 3. 1937
Rechnung
Herrn Ehrig Dämmrich hier
Ich fuhr per Lastkraftwagen von Rattmannsdorf (Profen)
nach Hier
2 Wagen Pappelspalten   Summa: 55,–RM

Am 23. März 1937 ist Erich Dämmrich zwei Jahre alt. Er trägt den Vornamen seines Vaters. Erich Dämmrich sen., Jahrgang 1900, bezahlt die fünfundfünfzig Reichsmark am Tag der Lieferung in bar. Das ist üblich, ohne Ausnahme. Muldenhauer machen keine Schulden. – Sorgfältig wird der Rechnungszettel gefaltet und ins Geschäftsbuch gelegt. Wozu sich aufregen über den falsch geschriebenen Vornamen? Jetzt heißt es, im Hof Ordnung schaffen, das frische Holz stapeln ...
Erich Dämmrich sen. hat das Grundstück mit Haus und Werkstatt in der Bergstraße 8 in Bad Klosterlausnitz von seinem Vater Otto Dämmrich geerbt. Seit ein paar Jahren ist Erich selbständig und führt in zweiter Generation das Geschäft. Die Dämmrichs sind alteingesessen. Und wenn sie als „Hulzländer" schon keine Frau aus Hermsdorf oder „Wääßenborn" heiraten, dann nur eine aus der Umgebung. Erich Dämmrich sen. sucht sich seine Braut in Töppeln, bei Gera. Sie heißt Isolde Poser. Ihr Vater ist Zimmermann und hält etwas Vieh. Der Bräutigam gilt als Schirrmacher, unter dieser Berufsbezeichnung läuft sein Handwerk. Davon kann er sich und eine Familie nicht ernähren. Viele Gebrauchsgegenstände aus Buche, Ahorn, Kiefer oder Fichte muß er herstellen, denn Mulden werden nicht jeden Tag geformt. Jeder weiß weit und breit, „Leddermonn

und Mullnhauer" sind keine reichen Leute. Nicht umsonst wird Erich Dämmrich sen. seinem Sohn deklamieren: „Oh, wie ist das Leben sauer für den armen Muldenhauer ..."

Otto Dämmrich, geboren 1855, beginnt im Jahre 1887 mit der „Muldenfabrikation". Zu dieser Zeit gehört der Landstrich zum Herzogtum Sachsen-Altenburg; die Domäne der Muldenhauer heißt Klosterlausnitz, eines von den acht waldreichen Holzlanddörfern. Der früheste Hinweis auf dieses Handwerk findet sich im Kirchenbuch Jahrgang 1608 mit „Mollmacher" Wolff. – Fünfundzwanzig Positionen umfaßt Otto Dämmrichs Sortiment, darunter Schlachtemulden und Backtröge, Mulden zum Aussäen für Gärtner und Bauern, Konditormulden, Wurstlöffel, Schusterschemel, Wassertragen, Getreide- und Wurfschaufeln. Die größte Mulde mißt in der Länge einen Meter und fünfundzwanzig Zentimeter, die kleinste sechsundfünfzig Zentimeter. Für sechzig Mulden stellt er damals einhundertvierzehn Mark in Rechnung; dreißig Wurfschaufeln verkauft er für neun Mark und neunundfünfzig Näpfe für achtundvierzig Mark.

Im gründlich geführten Geschäftsbuch stehen die Namen der Händler, die seine Holzwaren über Land fuhren und verkauften: Mathilde Röller, Franz Milker, Otto Kaiser, Friedrich Rühl, Max, Karl, Louis und Emma Schilling. Sie kommen aus Neugernsdorf, Oberndorf, Apolda, Weißenborn, Klosterlausnitz und Hermsdorf. Die Mulden sind in ganz Deutschland gefragt, gelangen per Pferdegespann und Eisenbahn bis an den Rhein. Die Weimar-Gera-Bahn ist seit 1876 in Betrieb; diese technische Neuerung hat die Situation im Holzland gründlich verändert. Immer größere Betriebe entstehen, mit Maschinen wird das Holz bearbeitet, und es siedeln sich neue Industriezweige an, wie die Herstellung von Keramikisolatoren für die Elektrotechnik. Die Mulde ist kein Massenprodukt. Man rückt ihr mit der Bandsäge zu Leibe. Vergeblich. Die Haltbarkeit maschinell ausgehöhlter Pappelspalten läßt zu wünschen übrig.

Otto Dämmrich ist nicht der einzige Muldenhauer im Holzland; 1927 existieren neben ihm noch achtzehn. Leitermacher sind in der Überzahl, stellen Treppen, Sprossen und Gerüstteile her. Gottseidank, sie kommen mit ihren Produkten dem Muldenhauer nicht in die Quere. Das Bündel schnüren? Niemals, sagt er sich und lebt zurückgezogen in seinem Element. Für einen zweiten Beruf als Maurer, Leitermacher oder Arbeiter in der Hermsdorfer Porzellanfabrik ist er schon zu alt. Zwei

von vier Söhnen, Erich und Hermann, treten in seine Fußstapfen. Hermann baut eine eigene Werkstatt auf.
Wie der kleine Erich wächst, denkt vielleicht am 23. März 1937 verwundert Großvater Otto. Jeden Tag ein bißchen. Der kleine Erich ruschelt durch aufgehäufte Holzspäne, darf benutztes Werkzeug einsammeln und den Hof kehren. Sobald er fest auf den Beinen steht, drückt ihm der Vater eine Axt in die Hand. Der Junge hackt Holz und pusselt an einer Mulde. „Damit mußte schon als Kind anfangen, später wird's nischt mehr. Mit fünf war ich's erste Mal im Wald, beim Fällen, zu viert haben wir gesägt, Schrotsäge noch mit Strick."
1939 stirbt der Großvater. Der Vater wird einberufen und kommt 1940 an die Westfront, nach Frankreich. Während dieser Zeit ruht der Betrieb, erst 1948, nach Rückkehr des Vaters, wird das Geschäftsbuch weitergeführt. – Muldenhauer will Sohn Erich nicht werden, am liebsten Zimmermann. Doch 1949 findet er keine Lehrstelle. „Machste beim Voter mit, dachte ich." Der Fünfzehnjährige verdient in der Stunde eine Mark und sechsundvierzig Pfennige, später zwei Mark. Er lernt im Ort bei Muldenhauer Otto Meißner, der „kommissarisch" zum Lehrmeister ernannt wurde. Eine besondere Lehrzeit, die ihm das Wissen der Väter vermittelt, und die er ohne Abschlußzeugnis beenden muß, weil es das für den Muldenhauer noch nie gegeben hat...

3

„Abgemacht is abgemacht. Jetzt behält' se!" Erich Dämmrich jun. läßt nicht mit sich handeln. Sein Gegenüber, ein Muldenhauer, zieht mit langer Nase ab. An der Elster, bei Profen, geht's ums Holz. Wer kriegt die beste Pappel? Gehandelt wird wie in alten Zeiten, noch bis Ende der sechziger Jahre. Die sonst so wortkargen Männer geraten jetzt schnell in Wut. Der Förster ist längst bestochen. Wer ihn überzeugt hat, macht vielleicht heute sein Glück. Doch zuerst haben die Prothesenmacher das Sagen, sie bekommen ihre Bäume, dann die Leute von der Zündholzfabrik Riesa. Die Muldenhauer stehen bereit. „Eine Pappel sah gut aus", erzählt Erich Dämmrich. „Ich dachte, schreibst gleich den Namen dran. Die Kreide ratschte nur so." Da schreit ein Muldenhauer: „Mein Baum!" Erich Dämmrich reagiert großzügig und tritt die Pappel an seinen Kollegen ab. „Nach dem Fällen ein Theater. Der Baum war kernlos, nich zu gebrauchen. Do wollten se ihn mir wieder andrehn. Nischt gab's." Drei Jahre lang wird ihm das vorgehalten, weil doch auf dem Baum mit Kreide „Dämmrich" geschrieben stand. Im Holzland vergißt man nichts. Erich Dämmrich erinnert sich noch gut, wie er als Bub mit den Erwachsenen zum Holzkauf fuhr. Manchmal für acht Tage, nach Neudietendorf und Apfelstädt, wo 's die besten Pappeln gab." Jede Holzversteigerung ein argwöhnisches Belauern, ein Feilschen wie ums letzte Hemd. „Hinterher warn se sich alle wieder grün, tranken eene Runne Bier ..." Als der Baumbestand nicht mehr privat verwaltet wurde, sondern die DDR-Forstverwaltung über die Verwendung der Pappeln bestimmte, ging die Tour der Weißen Elster entlang, stromabwärts, nach Profen und Reuthen. Die geschnittenen Stämme verluden die Dämmrichs auf Pferdewagen, fuhren sie zum nächsten Bahnhof. „Das war ein Jewerge!" Kam die Lore in Klosterlausnitz an, wurde wieder umgeladen auf Pferdewagen.

Die Muldenhauer im Holzland spürten immer die Auswirkungen wirtschaftlicher Regression. Am schlimmsten traf es sie jedoch nach Ende des Zweiten Weltkrieges. „Die Bodenreform war nur der Anfang", erklärt Erich Dämmrich mit ruhiger Stimme, „als dann in der DDR die landwirtschaftlichen Genossenschaften gegründet wurden, war das unser Tod. Wir waren ja keene selbständigen Bauern. Und wer brauchte noch eene Schlachtemulde? Fünfe im Jahr vielleicht haben wir hergestellt. Melkschemel, phhh, wurde nur drüber gelächelt. Die Preise hatten sich ooch nich verändert. Pfennigkram für die Schinderei. Und 'ne Mulde als Aussteuer für die Braut, war überholt. Manchmal haben wir noch nach Osnabrück geliefert. Das war aber nach der Mauer vorbei."

Erich Dämmrich sen. erlebt den Niedergang und muß sich mit seinem Sohn umstellen. Die Arbeit wird vielseitiger. Die Männer schaffen Maschinen an, hämmern, fräsen, drechseln. Sie tischlern Gartenbänke, zimmern die kleinen Häuschen mit dem ausgesägten Herz in der Tür – die Bauarbeiter mögen diese „stillen Örtchen" und streichen sie manchmal mit grüner Farbe. Besonders gefragt sind Schneidbretter für Großküchen und Schneeschieber. Davon können Vater und Sohn gar nicht genug produzieren. Sie verwenden Buchenholz, Fichte und Kiefer, einhundertundzwanzig Kubikmeter pro Jahr. Bestellen können sie diese Menge bei der Einkaufs- und Liefergenossenschaft des holzverarbeitenden Handwerks in Hermsdorf. Dort sind sie anerkannt, werden geschätzt, während ihr einschlägiges, einmaliges Fachwissen an höherer

Stelle kaum Beachtung findet. Keine offizielle Berufsanerkennung, kein Eintrag in die Meisterrolle, kein Interesse einer Handwerkskammer am Erhalt und an der Weiterführung der seit Generationen beständigen, nun gefährdeten „Mollenhauerei". Während Volkskundler schon mal Neugier bekunden, winken Funktionäre ab.
Von 1958 bis 1965 hat Erich Dämmrich jun. sein geregeltes Einkommen als Mitglied der städtischen Berufsfeuerwehr in Jena. „Zuhause war ja nischt zu verdienen. Bevor andre aufstanden, hatte ich schon das Vieh versorgt, zwei Kühe, ein Schwein, Gänse, Hühner, Kaninchen, Schafe, Enten und Truthühner. Vierundzwanzig Stunden Dienst, dann vierundzwanzig Stunden frei. Zeit zum Rackern. Vater war ja ooch nich mehr der Jüngste. Wegen der blöden Politik hab' ich Jena hingeschmissen. Täglich Politunterricht, der Chef mit dem ‚Neuen Deutschland' unterm Arm, das war mir zu viel." Erich Dämmrich hilft seinem Vater noch zwei Jahre und übernimmt 1967 das Geschäft.
Beim Holz ist er geblieben, bei den Schneidbrettern, den Gartenbänken und Baustellenklos. Und immer wieder eine Mulde, ein paar Tröge, Löffel und Schaufeln. Daneben die kleine Landwirtschaft. „Geschlachtet wurde jedes Jahr, ein Schwein, im Oktober bis in den Februar hinein. Der Hausschlächter war im Ort, kam früh mit seiner Truppe, bis nachmittags um fünf. Hinten in der Werkstatt standen zwei Kessel, einer fürs Schlachten, einer für die Wäsche. Dort wurden ooch die Würste uffgehängt zum Trocknen. Wir blieben unter uns, die Familie, ein paar Freunde vom Vater, alle Handwerker. Und getrunken haben sie alle, zwei, drei Korn, Kümmel oder Magenbitter."
1993 hat Erich Dämmrich zum letzten Mal geschlachtet. „Lohnt sich nicht mehr", schüttelt er den Kopf. Die Kinder sind längst erwachsen; der Sohn führt seinen eigenen Haushalt, die Tochter ist verheiratet. Sie wohnen fast beieinander, sozusagen gleich um die Ecke. „Wir sind een Herz und eene Seele!", fügt Erich Dämmrich ohne Zögern hinzu. „Früher mußte unsre Familie noch mehr zusammenhalten. Große Wünsche konnten mir meine Eltern nicht erfüllen. Hab' niemals für längere Zeit Lausnitz verlassen. Mich hat der Vater geprägt als Persönlichkeit. Der hatte das Sagen, ohne daß er Befehle gab."
„Holzland" – das Wort klingt für Erich Dämmrich heute wie eine Legende. „E absterbender Ast. Wo sind die Stellmacher, die Pfahlschnitzer und Besenbinder. Siehste noch eene Radewelle uff der Straße? Der Wald spielt keene Rolle mehr. ‚Kuhmutschen' werden ooch nich mehr

gesammelt. Früher waren in meiner Straße vier Muldenhauer. Ich bin jetzt der einzige und der letzte."

4

Im Waldgrund von Meusebach lassen die Meiler Dampf ab. Der Wind steht günstig. Die Dorfbewohner können sich heute nicht über beißenden Rauchdunst beklagen. Eine Frau mit Kittelschürze führt ihre Schafherde vorbei und nickt Erich Dämmrich zu. Der Muldenhauer erwidert ihren Gruß. Er fühlt sich wohl in dieser Umgebung, dazu noch ein kräftiger Schluck aus der Bierflasche, natürlich Köstritzer Pils.
„Mehr dich bißchen aus", sagt er gutmütig und schlägt den letzten Keil in die schmale Rinne. Für einen Augenblick scheint sich die Pappel zu wehren; das Holz verharrt, zaudert. Die Keile drücken, bis das Holz knirschend die ausgehöhlte Form freigibt. Der Muldenhauer hilft vorsichtig nach. Nur wenig splittert das Holz, es leuchtet fast weiß und öffnet seine Poren. Wie aus einem vollgesogenen Schwamm preßt Wasser aus den Fasern. – „Geschafft, für heute", sagt Erich Dämmrich erleichtert und lehnt den „Rausspeller" an die Mulde. Die ist längst noch nicht fertig. Sie wird gleich in der Werkstatt weiterbearbeitet. Mit dem Dechsel - dem beilartigen Werkzeug, dessen Schneide quer zum Stiel gebogen ist - verleiht ihr Erich Dämmrich die endgültige Form. „Abrunden" nennt sich dieser Arbeitsgang, danach wird mit verschiedenen Schabmessern die Innenform geglättet. „Sandpapier nimmt e Mullenhauer niemals, nischt gibt's." Aufpassen muß Erich Dämmrich besonders beim „Abköpfen", wenn die Mulde auf dem Hackklotz steht und an die Hauswand gelehnt wird. Mit Schlägen in die Schräge hackt der Muldenhauer die Stirnseiten an. Danach muß die Mulde noch ein Vierteljahr trocknen und wird mit dem Schnitzmesser vorsichtig geglättet.
Die wievielte mag es wohl sein? Gezählt hat Erich Dämmrich nie, aber einige hundert kommen zusammen. Jede einmalig von Hand gearbeitet, jede ein Unikat. Fast jede verließ das Holzland, reiste weit zu ihrem zukünftigen Besitzer. Davon konnte Erich Dämmrich nur träumen. Die Nummer Sieben aus der Angebotsliste, siebzig Zentimeter lang, eine Wurfmulde für Bauern, stellte er für Jenaer Geologen her, die in Sibirien Gold schürfen. „Nehmt mich mit, ich mach' se euch dort", lautete der sehnsüchtige Wunsch des Muldenhauers.

Haltbar für lange Zeit sind die handlichen und formschönen Holzgefäße des Muldenhauers – Zeugnis einer Gewerbelandschaft, in der sich Erich Dämmrich heute wie ein Sonderling vorkommt. Der letzte Muldenhauer Deutschlands? Skeptisch zuckt er mit den Schultern. „Hier im Holzland bin ich der letzte. Vielleicht gibt's woanders noch einen, aber das muß e richtiger sein."
In Sehlde, westlich von Salzgitter, lebte 1993 der 84jährige Karl Sonnemann. „Der macht ‚Mollen' ganz anders als wir. Der spaltet den Stamm einfach mit drei Eisenkeilen, nur nach Augenmaß. Wir arbeiten das vor, denn die Hälften können ungleich in der Stärke sein. Äxte hat er auch nicht wie wir. Der Dechsel heißt dort Krummhaue, nur die Schaber haben die gleiche Bezeichnung. Passen die Keile für den ‚Rausspeller' nicht, füllt er Wasser in die Ritzen, damit's leichter geht. Und außen läßt er die Rinde dran. Arbeitet viel gefährlicher, besonders beim Schaben, und das in dem Alter ...", beschreibt Erich Dämmrich seine zwiespältigen Eindrücke von einem Porträtfilm, der dem letzten „Mollnhauer" zwischen Harz und Leine gewidmet ist. Den Videofilm, gedreht von Benedikt Kuby, würde er für neunundsechzig D-Mark niemals kaufen. Ihm liegt an einer genauen Darstellung des Handwerks. „Wenn ich's nur wiederbeleben könnt'. Eine gesunde Wirtschaft müßte her, in der auch altes Handwerk seinen Platz hat. Natürlich für die jungen Muldenhauer ein anständiger Lohn, der is ja jetzt immer noch ungerecht."
Sohn Reiner, 1959 geboren, war als Kind dabei, wenn der Vater im Hof arbeitete. „Wollte von Anfang an Tischler werden. Hat ein bißchen mitgekriegt, mitgeholfen. Aber nie eine Mulde gemacht. Augenmaß und Fingerfertigkeit müssen einem gegeben sein, das kann man nicht erzwingen." Der Sohn setzte seinen Berufswunsch durch und absolvierte die Meisterprüfung. Bis zur Wende hat er beim Vater gearbeitet. Als der meinte: „Wir müssen mal ein, zwei Jahre wursteln, ich kann dir das Gehalt wie bisher nich mehr bezahln", lehnte der Jüngere ab und ging in einen Baubetrieb. Nach der Wende bestritt Erich Dämmrich seinen Lebensunterhalt mit der Herstellung von Schneidebrettern. Als die Großmärkte kamen und sich auf der grünen Wiese niederließen, gab Erich Dämmrich schweren Herzens sein Handwerk auf. Das war 1992. Noch keine Sechzig ging er in den Vorruhestand. „Hab' noch Glück gehabt, bekomme Altersübergangsgeld bis zur Rente. Muddle noch ein bißchen rum." Vom Holz kommt er nicht los, in den Fingern kribbelts, wenn er sich ausruht. „Schön wär' ein Handwerksmuseum

mit Vorführungen, und wenn ich's mir privat einrichte." Deshalb stellt er jetzt von jedem seiner Holzgefäße ein Exemplar her, dazu kommen die Wurstlöffel, die Wassertragen, Schemel und Schaufeln.
Kürzlich war das Fernsehen bei ihm, der MDR, und seitdem klingelt das Telefon ununterbrochen. „Die Leute machen mich verrückt ..." Und doch ein schönes Gefühl, wieder Aufmerksamkeit fürs Handwerk zu wecken. Rückt er damit seinem Traum vom Handwerksmuseum ein Stückchen näher? Jetzt häufen sich die Aufträge für einige Mulden und „Holzlandsouvenirs". Eigentlich eine unzutreffende Bezeichnung für die Miniaturen aus feinem Pappelholz: Leiterwagen, etwa fünfzehn Zentimeter groß, belädt der Muldenhauer mit winzigen Kuchenbrettern, Sägeböcken, Leitern, Backtrögen, Schemeln und Wäschestangen – eine Fuhre, die symbolisch nur darauf wartet, über Land zu fahren wie einst. Jedes Detail genau gearbeitet, mit Aufmerksamkeit und Liebe, „genauso wie ich meine Mulden mach'."
Genug Anregungen für Pläne und Träume hat er mitgebracht, aus Südafrika, wo sein Schulfreund Joachim Prunzel lebt. „Dort gibt's auch Mulden, runde, wie unsre Konditormulden. Wunderschön gearbeitet. Helles Holz, in der Mitte leichte dunkle Maserung." Jetzt, im Alter, reist Erich Dämmrich, „aber nur nach Südafrika!" Daß es dort keine Pappeln gibt, stört ihn nicht. 1995 ist er gereist und 1999. Am liebsten möchte er jedes Jahr die Koffer packen, für sich und seine Frau Gisela.
Das Zwiegespräch mit „seinen" Bäumen, den Pappeln, die Wasser und Wind trotzen, und zum Himmel wachsen, bleibt Geheimnis. Gewiß ist, sie leben mit ihm in stiller Übereinkunft, als wüßten sie, daß der Muldenhauer nur den Baum fällt, den er auch verarbeitet. Bäume sind für ihn Gefährten auf Dauer, natürliche Wesen. Was haben ihm die Jahresringe der Pappeln über seine Zukunft verraten? Darüber spricht er nicht. Läßt aber das Baumhoroskop für sein Sternbild gelten. Nicht die Pappel bringt ihm Glück zum Geburtstag am 4. Oktober, sondern die Eberesche: Ein Baum, der Lebensfreude und Harmonie ausstrahlt. Nichts anderes wünscht sich der Muldenhauer. Scheint der „Vogelbeerbaum" auch zartgebaut, ist er doch von zäher Natur und läßt leuchtende Früchte reifen – mit diesen Eigenschaften freundet sich Erich Dämmrich sofort an. „Bäume sind Wunder", mehr sagt er nicht, während er die Mulde auf die Ladepritsche seines Autos wuchtet. Der „Rausspeller" bleibt nicht im Waldgrund von Meusebach zurück. „Aus dem mach' ich noch 'ne kleine Mulde."

Leichte Beilschläge. Der Halbstamm der Schwarzpappel wird entrindet – grob abgerichtet. Die äußere Form der Mulde ist schon zu erkennen.

Der Bindfaden dient als Zirkel. Erich Dämmrich zeichnet die Rundungen an den Stirnseiten der Mulde vor.

Mit Augenmaß und kräftiger Hand wird das Beil geführt und entlang der Bleistiftlinien der rechteckige Holzkern, auch „Rausspeller" genannt, freigeschlagen.

Eisenkeil neben Eisenkeil ...

Die Keile haben den „Rausspeller" freigegeben.

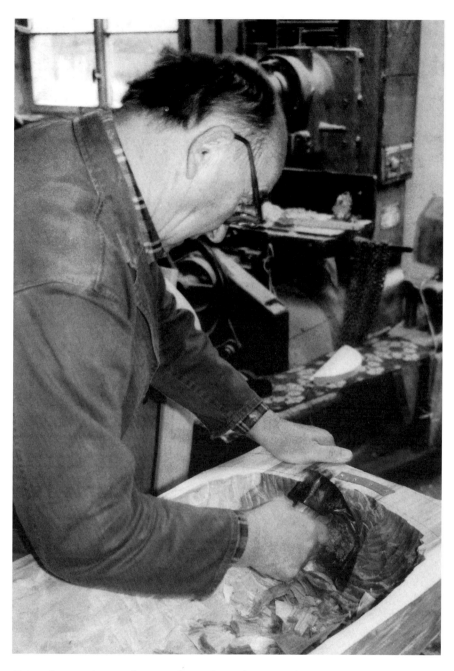

Feinarbeit in der Werkstatt – das „Abrunden" mit dem Dechsel ...

... danach mit dem Schaber.   Die Werkzeuge müssen scharf sein...

„Abköpfen" – Erich Dämmrich hackt die äußeren Stirnseiten an.   Ein Vierteljahr später – glättet Erich Dämmrich „seine" Mulde ...

Ein weiteres Vierteljahr ist vergangen. Die großen Mulden sind getrocknet und können zum Backen oder beim Schlachtefest verwendet werden.

Stimmgabelhersteller Arno Barthelmes.

Töne im „Geschling"

Arno Barthelmes, Stimmgabelhersteller, Jahrgang 1971, Zella-Mehlis

Der „Albrechtsgarten" ist selten auf einem Stadtplan eingezeichnet. Wer fremd ist, muß sich durchfragen. Ich finde den Weg gleich, denn mir ist das Gelände seit langem vertraut. Wege der Kindheit kreuzen sich hier. Sommerau, Kiesgrube, Bahndamm, Juch-Bad, Lubenbach, Regenberg. Ich erinnere mich, als Sechs- oder Siebenjährige die Stimme des Wassergeistes gehört zu haben, der in der Lauermühle im Lubenbachsgrund die Hexen zum Mahle einlud. Heute ist die Mühle abgerissen, die Kiesgrube aufgelassen und das Juch-Bad wird wohl nie wieder öffnen. Die vom Regen ausgespülte Hohle müht sich wie einst bergauf. Eine Birke links mahnt: Parken verboten! Briefkästen, provisorisch an einem Gestell aus knorzigen Holzästen befestigt, erinnern an neueste Nachrichten. Die Familie Barthelmes nutzt diese Briefkästen für Tagespost und Zeitungen, nur Arno Barthelmes hat für die Firma ein Schließfach im Postamt gemietet.
Die Hohle, dicht von Laubbäumen bestanden, endet am aufgeschütteten Hang. Dort stehen zwei Häuser, mitten im Grün. Das kleinere mit Wohnräumen, daneben das größere geschieferte mit der Werkstatt. Den Neuankömmling begrüßt eine Elster, die im Steilflug tiefhängende Zweige streift. Es ist still am „Albrechtsgarten"; nur vom Einkaufsmarkt am anderen Ufer des Lubenbachs dringen Autogeräusche.

„Arno, Telefon!" Ungeduldige Frauenstimmen geben nicht nach. Ein junger hochgereckter Mann, mit einem dunkelblauen Arbeitskittel bekleidet, ruft vom Hof: „Jo, ich komm!" und verschwindet eilig im Werkstattgebäude. Aus der geöffneten Tür dringt für einen Moment dumpfes Maschinengeräusch. Wieviel Meter Arno Barthelmes am Tag zwischen Büro, Werkstatt, Familienküche und Garage zurücklegt – ein Stückchen rund um die Weltkugel ist es schon. Sie ziert symbolisch als blauer Planet die Werbemappe der Firma. Das eigentliche Motiv: eine Stimmgabel. Ihr Stiel markiert die nördliche Erdachse und teilt den quergedruckten Schriftzug: „Wir geben den Ton an!" Um die beiden Schenkel des Instrumentes, dort, wo der angeschlagene Ton seine volle Wirkung entfaltet, sammeln sich blaue Zick-zack-Blitze. Ein anspruchsvolles Logo, von dem Nichteingeweihte meinen könnten, es sei absolut übertrieben.

Drehen wir die Zeit ein wenig zurück und stellen den Zeiger auf das Jahr 1897. Da empfahl im Stadtbuch zu Mehlis Restaurator Arno Barthelmes „dem geehrten Publikum seine gut eingerichteten Lokalitäten zu gefl. Benutzung. Ringsum von Wald umgebene Gastwirthschaft. Gute Fremdenzimmer für Sommerfrischler. Aufmerksame Bedienung. – Reelle Preise." Die „gut eingerichteten Lokalitäten" im geschieferten Haus tragen den weithin bekannten Namen „Albrechtsgarten". Doch so still wie im Jahre 1884, als Arno Barthelmes von Ernestine Jäckisch die Bewirtschaftung übernahm, ist es längst nicht mehr. Seit dem 20. Januar 1893 verläuft nur wenige Meter oberhalb von Gaststätte und Wohnhaus die Bahnstrecke Zella St. Blasii-Schmalkalden. Mehrmals am Tag signalisiert der nahende Zug mit Pfeif- und Dampfgeräuschen seine Fahrt. Das Gleis führt am „Geschling" vorbei – eine vergraste Fläche, fast von Büschen und niedrigen Bäumen zugewachsen. Sie gehört zum Grundstück wie die Hofbreite, der Garten und die Wiese, insgesamt über ein Hektar Land. Im Biergarten unterhalb des Hauses können die Gäste zu sechst an weißgedeckten Tischen sitzen, bis in den Herbst hinein. Vereinzelte Bäume spenden etwas Schatten, das beweist eine Lichtdruckkarte, die nach 1905 in die Öffentlichkeit gelangt.
Die Gäste in der Wirtsstube und draußen im Garten sind keine stummen Zaungäste. Es geht schon mal hoch her bei einem guten Schluck, und Anlässe zum Fröhlichsein finden sich immer. Vom Vergnügungslokal am Rande einer Reeperbahn oder einem Etablissement wie das Pariser „Moulin Rouge" will der angesehene Wirt nichts wissen. Er liebt den kleinen Rummelplatz. 1907 präsentiert er zum Schützenfest „Rudi's Caroussel", „Fischer's Schießhalle", „Schieck's Museum", läßt Wurfbude und Riesenkraftmesser aufbauen. Coburger Bier vom Faß mundet den Gästen.
Töne und Klänge aller Art ist Arno Barthelmes, Jahrgang 1852, gewöhnt. Im „Albrechtsgarten" gibt er den Ton an, ohne Konkurrenz. Hinter der Theke ruft er zum letzten Schnaps, während die Kapelle auf ihrem Balkon mit einem letzten Kirmeswalzer zur Sperrstunde aufspielt

und unter den Füßen der Tanzwütigen die Holzbohlen zittern. Neben der Schankstube öffnet sich eine Tür zum Schießstand. Dort peilen die Mitglieder des Schützenklubs (gegründet 1871) durch verschieden angeordnete Fensterchen ihre Visiere. Zwischen den Bäumen verliert sich das Echo der Schüsse.

Doch für Stunden verändert sich am Tag die Szene. Ob Arno allein oder mit bezahlten Arbeitskräften auf dem Dachboden hantiert, weiß heute niemand mehr zu sagen. Seit 1884 betreibt Arno Barthelmes neben der Gaststätte seine feinmechanische Werkstatt und produziert „klingende Instrumente": Stimmgabeln. Feinpoliert, mit Griff oder ohne, eingepackt in passende Holzkästen, verlassen sie die Werkstatt in bestellter Stückzahl.

Mechaniker und Gastwirt. Darüber wundert sich in Zella St. Blasii und Mehlis niemand, hier, wo seit Jahrhunderten Kleineisenwaren, Präzisionswerkzeuge und Waffen, hier hauptsächlich Jagdwaffen, Luftbüchsen und Pistolen, hergestellt werden. Mit zunehmender Industrialisierung entstehen Klein- und Großbetriebe, das Handwerk paßt sich dieser Entwicklung an. Auch Arno Barthelmes geht mit der Zeit, erweitert die Werkstatt. Nach seinem fünfundzwanzigjährigen Gastwirtsjubiläum bringt ihm die Restauration noch einige gute Jahre, und der von ihm mitbegründete Schützenklub geht im „Albrechtsgarten" ein und aus. Die Vorzeichen des Ersten Weltkrieges und seine Folgen tragen maßgeblich zur Schließung der Restauration bei. 1929 existiert die Lokalität im Grünen nicht mehr.

Die mechanische Werkstatt erlebt einen Aufschwung und ist bekannt für höchste Präzisionsarbeit. Benötigt ein Büchsenmacher einen Hahn für den Abzug, wird er bei Barthelmes gefräst. Liegt eine gute Zeichnung vor, entsteht danach das gewünschte Werkteil. Gefertigt werden Stimmgabeln aus Stabstahl oder Aluminium, in allen gängigen Größen, von vier Zentimetern bis zu einem halben Meter und bis zu einem Gewicht von fünfundzwanzig Kilogramm. Die Bezeichnung der Töne erfolgt nach dem festgesetzten Notensystem. Als normale Basisstimmung gilt a^1 435 Hertz und a^1 440 Hertz, erweitert um den Frequenzbereich von 16 Hertz bis 5000 Hertz. Das Programm unter Arno Barthelmes war beachtlich, es umfaßte die wichtigsten Einsatzmöglichkeiten der Stimmgabel – in physikalischen Laboratorien und in der Medizin, zur Prüfung von Kirchenglocken, begehrt von Musikern und Orgelbauern. Zu den Vorbildern für die Fertigung gehören Hartmann und Lucae, die für Ohrenärzte erste Instrumente herstellten. Der eine entschied sich für die viereckige Bauform der Stiele, der andere, ein Italiener, bevorzugte runde Stiele. Oder Rydel und Seiffer, die 1903 mit ihrem Instrument zur Untersuchung des Vibrationsempfindens beim Menschen Bahnbrechendes für die Medizin leisteten. Die beiden Ärzte aus der Berliner Charité beriefen sich dabei auf die Erfahrungen des Engländers John Shore, der 1711 die Stimmgabel erfunden haben soll. Shore war als Trompeter und Lautenspieler am englischen Hof beschäftigt und fertigte auch für den berühmten Komponisten Georg Friedrich Händel ein Instrument, das zur Legende wurde.

1930 stirbt Arno Barthelmes. Der Sohn Kurt Theobald, kurz Theo genannt, führt die Werkstatt weiter. Im Alter von fünfzehn Jahren hat er nach dreijähriger Mechanikerlehre bei Innungsmeister Moritz Barthelmes seine Gesellenprüfung „recht gut" bestanden. Seine vorgelegte Arbeit: ein Uterus-Dilator zur medizinischen Untersuchung der Gebärmutter. Dieses Instrument wird auch heute noch von Gynäkologen benutzt.
Die erworbenen handwerklichen Fähigkeiten geben die Barthelmes von Generation zu Generation weiter. Es gehört zur Ehre, den guten Ruf der Firma dauerhaft zu bestätigen. Nur optimal gestimmte Instrumente verlassen die Werkstatt. Dafür bürgt in dritter Generation Manfred Barthelmes, Theos Sohn. Im Alter von einundzwanzig Jahren erhält der Mechaniker seinen Meisterbrief von der Handwerkskammer des Bezirkes Erfurt. Der Vater stirbt 1958, zweiundsiebzig Jahre alt, und hinterläßt manches Berufsgeheimnis, zum Nutzen der Firma. Deren Existenz stand nicht nur einmal auf der Kippe. Fest eingeprägt in das Bewußtsein von Manfred Barthelmes hat sich ein bestimmtes Erlebnis, als im Sommer 1945 durch die Rote Armee sämtliche Maschinen der kleinen Firma demontiert werden. Theo und sein Sohn sehen, wie sich oben auf dem Gleis der beladene Zug mit der wertvollen Fracht in Bewegung setzt. Über Nacht war die Werkstatt ausgeräumt. Anderen mechanischen Firmen in der thüringischen Kleinstadt erging es ähnlich. Denn die meisten hatten in der Kriegszeit für die bekannte Waffenfabrik Carl Walther produziert. Nur die Fräse von Schuchardt & Schütte, Berlin, stand noch in der Ecke. Das Museumsstück der Jahrhundertwende war zu alt zum Verladen. Ebenfalls noch vorhanden ein kleiner Schleifbock und eine Tischbohrmaschine. Beides hatten die Barthelmesschen Männer schnell noch auf dem Heuboden versteckt. Geblie-

ben war auch diverses Werkzeug: stabile Hämmer, Bohrer, Schieblehren, Schraubenzieher, Gewinde, Bürsten zum Reinigen. Ebenfalls noch vorhanden Schraubstöcke und Ambößchen zum Richten.

„Theo hat immer gefriemelt, das weiß ich vom Erzählen", sagt Arno Barthelmes, der den Namen seines Urgroßvaters trägt. „Und mein Vater hat sich das abgeguckt. Fräsen ist das Wichtigste bei uns. Da hat er vieles weiter verbessert, Vorrichtungen gebaut zum Spannen. Das erleichterte die Arbeit ungemein. Früher wurde alles von Hand gespannt, das brauchte viel Zeit. Vater hatte da immer wieder neue Ideen, bis sich nichts mehr weiterverbessern ließ. Diese Erfindungen bleiben in der Familie, die werden anderen nicht verraten."

In der DDR gilt der Barthelmessche Familienbetrieb als einziger, der Stimmgabeln fertigt. Drüben im Westen, am Bodensee, existiert eine weitere Firma. Zu DDR-Zeiten keine Konkurrenz für die Zella-Mehliser. Das hat sich nach 1990 geändert.
„Die Butter vom Brot lassen wir uns nicht nehmen", sagt Mutter Else in ihrer direkten Art. Nach ihrer Heirat mit Manfred Barthelmes half sie in der Werkstatt mit, das sind schon über 25 Jahre, prüfte, schraubte, polierte, verpackte und saß im Büro. Sie könnte viele Geschichten erzählen über den Familienalltag, der sich größtenteils in der Werkstatt abspielte. Mutter Else ist der gute Geist der Familie, immer in Bewegung und in Sorge um jeden einzelnen. Jeden Mittag kocht sie für die Kinder, für Arno, die Tochter Ute, manchmal auch für Tochter Kerstin, die Schwiegersöhne, die Enkeltochter, für die Angestellten und für unverhofft eintrudelnde Gäste. „Morgens um neun und mittags um zwölf, das sind feste Zeiten für mich. Frühstück und warmes Essen, das muß sein für alle. Da hab' ich zu kochen und zu machen. Es soll ja allen schmecken." Wer Hunger hat, darf Platz nehmen am großen gedeckten Tisch auf der Veranda. Dampfende Nudelsuppe, herzhaft, mit viel Möhren und Kräutern, dazu scharf gebackenes Brot, Getränke. Vor- und Nachspeisen werden extra gereicht. Gratis: frische Waldluft.
Ein Platz bleibt leer an diesem Tisch. Manfred Barthelmes hat ihn eingenommen, bis ins Frühjahr 1996, schon schwerkrank und still. Er, der die Töne liebte, das Akkordeon meisterhaft beherrschte und viel Spaß am Leben fand. Ein Verlust, der die Familie getroffen hat. Manfred Barthelmes war ja nicht nur der Ehemann und Vater, er war so etwas

wie der Motor, der alle antrieb. Vor und nach der Wende stellte er zum Beispiel in geringer Zahl Reglerteile für Diesellokomotiven her, da es für diese russischen Maschinen kaum noch Ersatzteile gab. Auch für ganz schwierige Aufträge war er zu haben; sogar einen Fahrstuhl hat er reparieren können.

„Der Vater", erzählt Arno, „legte viel Wert auf Arbeitsorganisation. Wenn eine Kiste auf der falschen Seite stand und man über Kreuz greifen mußte, da hat er sie sofort auf die richtige Stelle gerückt." Seine Stimme klingt belegt; man spürt, wie der Vater in der Familie geehrt wird. Er ist immer anwesend, und vielleicht fragt ihn Arno, der junge Meister, auch manchmal im Stillen um Rat, wenn mal ein Tag nicht so läuft, wie er sollte.

Die Stimmgabeln des Manfred Barthelmes waren ein Exportschlager für die DDR. Fünfzehntausend Stück verließen jährlich die Werkstatt, sechzig Sorten umfaßte das Angebot. Kunden in fünfunddreißig Ländern. Europa, Afrika, Amerika ... Manfred Barthelmes ist ihnen wenigsten begegnet. Geschäftliche und private Kontakte in das „nichtsozialistische" Ausland waren verboten. „Deshalb haben wir auch mit der Weltkugel ein bißchen provoziert", meint Arno. „Sie sollte uns an das Messemännchen erinnern und an die Grenzen, die wir persönlich nicht überschreiten konnten. Das Motiv haben wir übrigens von Theo übernommen, der benutzte es lange Zeit als Firmenlogo."

Auch Stimmgabeln aus Zella-Mehlis brachten der DDR die dringend benötigten Devisen. Zwecks wirtschaftlicher Konzentration wurden viele kleine Betriebe in den sechziger Jahren verstaatlicht, das heißt enteignet. Lag es am auftrumpfenden Erscheinen, an den richtigen Argumenten? Wer weiß das heute noch zu sagen. Else und Manfred Barthelmes wurden nur für ein paar Wochen Mitglieder in einem staatlichen Industriebetrieb und konnten danach ihre Firma wieder privat übernehmen.

In der Werkstatt vibriert der Fußboden; die Bohlen sind von Öl und Fett durchtränkt. „Heute steht keine Maschine mehr so wie vor drei Jahren", sagt Arno Barthelmes in den gleichmäßig dröhnenden Lärm und zeigt auf die neue C-N-C-Maschine. „Vater hätte sich die auch angeschafft. Sie kann gleichzeitig mehrere Stimmgabeln bearbeiten", erklärt er die Anlage. „Sie kann anbohren, bohren, innen ausfräsen und feinschlichten. Das sind die wichtigsten ersten Arbeitsgänge. Geben wir das Programm in die computergesteuerte Anlage ungenau ein, kommt Pfusch heraus. Wir mußten das Programmieren erst lernen und herauskriegen, was die Maschine alles kann. Die Investitionsförderung erleichterte uns die Entscheidung zum Kauf."

„C-N-C" - Kostenpunkt einhundertvierzigtausend D-Mark. Die Summe muß der Betrieb erwirtschaften. Vom Risiko dabei will der junge Mann jetzt nicht reden. Lieber von den Schwierigkeiten beim Aufstellen des tonnenschweren Kolosses. „Wir mußten fast einen Meter tief graben, der Boden wurde nicht fest. Früher hat man doch nur Erde aufgeschüttet. Für den Tanzboden hat's allemal gereicht. Wir haben einen Sockel aus Beton gegossen, der trägt die Maschine."

Eine neue Fräsmaschine will er noch kaufen. Weitere Investitionen plant er nicht. Das Büro hat er verändert, sparsam mit modernen Möbeln eingerichtet. Dazu Computer, Drucker, Fax. An den Wänden der Lehrbrief vom Großvater und der Meisterbrief vom Vater. Und natürlich in den Glasvitrinen eine Präsentation der verschiedenen Stimmgabeln. Gegenwärtig läßt Arno neue Außenfenster am alten Schießstand anbringen; dahinter werden dann wieder die restaurierten alten Fenster eingesetzt. Die Fassade erhält gleich einen passenden Anstrich. Und die neue Elektrik in der Werkstatt kann sich sehen lassen.

Seinen Meisterbrief besitzt Arno seit 1996. Noch vor der Wende lernte er im VEB Robotron Zella-Mehlis Mechaniker für Datenverarbeitung, ein Jahr Praxis beim Vater, ein halbes Jahr im Werkzeugbau und Qualifizierung zum Feinmechaniker. „Es gibt ja keinen Stimmgabelmeister, aber einen Feinmechanikermeister." Sein Meisterstück: ein Stimmgabelsatz zur Glockenanalyse. „Ich hab' ihn damals das erste Mal gefertigt, Vater hatte öfter dafür Aufträge." Dieser Satz besteht aus neun Stimmgabeln und hat den Tonumfang von A 108,75 Hertz bis c^4 2069 Hertz. Die Teilung auf der Stimmgabel beträgt 1/8 Ton. Das hört sich kompliziert an. Wie erklärt Arno Barthelmes dem Neugierigen die Herstellung einer Stimmgabel? „Sie muß zirka dreißig Arbeitsgänge durchlaufen, aber mit der neuen Maschine werden es ein paar weniger. Das Ausgangsmaterial ist Stabstahl, manchmal auch Aluminium. Auf Länge gesägt, wird anschließend die äußere Form herausgefräst. Durch Schleifen und Polieren wird die Stimmgabel nicht nur glatt und glänzend, sie erhält dadurch auch ihre Präzision. Länge und Stärke der beiden Gabelschenkel sind maßgebend für die Frequenz der Stimmgabel, das heißt die Mitte der Bohrung ist entscheidend für den genauen Ton. Zum

Vernickeln geben wir die Stimmgabeln in eine Galvanik. Danach werden sie von uns poliert und signiert."

Arno Barthelmes bewegt seine Arme und Hände fast spielerisch, wenn er die neue Stimmgabel mit der geeichten Vorlage „abgleicht", sie anschlägt und ans Ohr hält. Ein Vorgang, der hunderte Mal am Tag geschieht. Sein Kopf neigt sich dabei etwas schräg nach unten, so als würde er einer unsichtbaren Person zuhören. „Früher hatte ich schon damit Probleme. Man muß genau hinhören, sich konzentrieren. Eine Frage des Trainings." Wird besonders hohe Präzision verlangt, zum Beispiel bei den Glockengabeln, helfen elektronische Meßgeräte. „Auch die Raumtemperatur ist wichtig beim Abgleichen. Der Beruf geht ohne Handarbeit nicht, die werden neue Maschinen nicht ersetzen können", sagt er, während er mit dem Zeigefinger der linken Hand die Kante einer Stimmgabel prüft, die zur bestellten Serie für Ohrenärzte nach Hartmann, Nr. 31 c 128 Hertz gehört.
Fingerspitzengefühl, ein gutes Gehör, Liebe fürs Material und für mechanische Werkzeuge sind Voraussetzungen für die Arbeit eines Stimmgabelherstellers. „Ich war halt von kleinauf dabei, immer mit in der Werkstatt. Da war klar, daß ich Feinmechaniker lerne. Die ganze Familie hat mitgeholfen. Das ist heute genauso. Langeweile gibt's nie in diesem einmaligen Beruf", sagt Arno Barthelmes, der genau weiß, wo und wie seine Instrumente eingesetzt werden. Er erklärt mir, wie wichtig die Stimmgabel zum Beispiel in der Medizin geworden ist, was wohl die wenigsten Menschen wissen.
Rydel und Seiffer stießen anfangs mit ihren Forschungen auf Widerstände. Doch sie konnten sich mit ihrer Erfindung durchsetzen. Heute benutzt der Neurologe ganz selbstverständlich die Rydel-Seiffersche Stimmgabel (Basisstimmung 128 Hertz, mit Dämpfer 64 Hertz). Mit dem in Schwingung versetzten Instrument berührt er unter anderem Schienbein und Fußaußenknöchel seines Patienten. Der sagt, wann er ein Brummen oder Summen verspürt. Eine Meßvorrichtung gibt dann genauen Aufschluß über die empfundene Vibration. Dadurch läßt sich feststellen, wie das Nervensystem funktioniert, ob es gestört ist, wie zum Beispiel bei Diabetes mellitus.
„Man kann mit der Stimmgabel also auch kranken Menschen helfen."
In Arnos Worten schwingt etwas Stolz mit. Doch große Ausführungen liegen ihm nicht. Dafür bleibt bei der konzentrierten Arbeit auch gar

keine Zeit. Für einen Spaß ist der junge zurückhaltende Mann schon zu haben. Wie lustig er sein kann, beweist auch eines der Hobbys. Arno sammelt Frösche, aus Holz, Plaste, Gummi, Stein, die man als Souvenir kaufen kann oder in Überraschungseiern findet. Sein Wohnzimmer ist damit ausgeschmückt, sogar unterm Fernseher döst einer, der nicht quaken kann. „Ich bekomm' sie von überall her. Wer aus der Familie oder von den Freunden einen Frosch entdeckt, bringt ihn mit." Zwei Kartons mit Fröschen hat er noch nicht auspacken können.
„Die Zeit reicht dazu einfach nicht. Für mich hat der Tag zehn bis zwölf Arbeitsstunden, manchmal auch mehr. Meist am Abend regelmäßig Spaziergänge mit unserem Hund ‚Bella'", sagt Arno. Man trifft ihn dann auf dem breiten Weg oberhalb des Juch-Bades. „Wenn ich mit dem Hund unterwegs bin, entspanne ich mich, bereite mich auf den nächsten Tag vor. Der Spaziergang lenkt mich ab von der Arbeit, vom Rauf und Runter. Haben wir genügend Aufträge, ist alles bestens. Kommt mal über drei Wochen kein Auftrag, werde ich nachdenklich."
Mit dem Fall der Mauer verringerten sich auch die Bestellungen aus den ehemals sozialistischen Ländern. „Wer kann denn dort Devisen aufbringen?" fragt Arno. Die Zahl der ausgelieferten Stimmgabeln ging erheblich zurück; gegenwärtig sind es wieder mehrere tausend Stück im Jahr. Jammertöne sind nicht angesagt im „Albrechtsgarten", schließlich hat sich der Name Barthelmes nach der Wende auch im Westen weiter herumgesprochen und auch wieder in Erinnerung gebracht. Inzwischen ist die Firma im Internet zu finden, doch die meisten Aufträge werden nach alten Gepflogenheiten abgewickelt, über die Großhändler. „Darunter ist schon mal einer", ergänzt Arno, „der meint, daß ein Kunde nicht viel bringt, wenn er nur ein paar Stimmgabeln bestellt. Das darf man nicht sagen. Wir erledigen jeden Auftrag, auch den kleinsten."
Mit den Tönen im „Geschling" hält es Arno Barthelmes wie seine Vorfahren. Zum guten Ton gehört auch die richtige Musik. Als Junge lernte er das Spiel auf der Blockflöte, privat beim Kantor Peter Schmeiß, bis der ihn auf ein größeres Blasinstrument aufmerksam machte, das Tenorhorn. Eine Liebe ist daraus geworden, die Arno hilft, das innere Gleichgewicht zu finden. Er spielt am liebsten die alten Komponisten, vor allem Johann Sebastian Bach. „Und sonst alles, was wir aussuchen." Seit fünfzehn Jahren tritt er mit dem Kirchen-Posaunenchor von Zella St. Blasii auf. Zum Zehnjährigen hat er die Treuenadel bekom-

men. Schwester Ute ist auch dabei. Sie spielen zum Advent, auf Weihnachtsmärkten, in Konzertsälen, zum festlichen Gottesdienst, werden zum Posaunentag eingeladen. Ute, 1969 geboren, ist ihrem Bruder nicht nur musikalische Begleiterin. Stimmgabeln spielen in ihrem Leben die gleiche wichtige Rolle wie für die anderen Familienmitglieder. Ute hat sich jeden Handgriff ganz selbstverständlich angeeignet, wie die ältere Schwester Kerstin, von der Mutter Else meint, die habe auch das Zeug zu einem Meister. Bei einem großen Auftrag können alle einspringen und mithelfen. Ein paar Sätze genügen, und jeder weiß, welcher Handgriff in der Werkstatt nötig ist ...

Wie alles angefangen hat mit den Stimmgabeln im „Albrechtsgarten", kann Arno nur vermuten. „Vielleicht wegen der Kapelle. Die mußte ja ihre Instrumente stimmen ..." In der Werkstatt ist noch etwas von der Brüstung zu sehen, hinter der die Musiker Platz nahmen. Parterre hinten links in der Ecke führt ein schmales Treppchen nach oben, eine „Hühnerleiter". Wer damals betrunken war, brauchte sich nur in die Schräge zu legen. Eine Rutschpartie, die blaue Flecke einbrachte. Der Weg hinauf ist heute versperrt. Die Bohlen auf dem Werkstattboden sind immer noch die originalen aus der Gastwirtschaft. Sorgsam werden Fotos, Urkunden und überlieferte Erinnerungen gehütet. Selbstverständlich, schließlich ist das für die Barthelmessche Familie ein Stück Heimat.

„Es gibt nichts anderes für mich als diese Landschaft", sagt Arno. Ein Leben außerhalb Thüringens kann er sich nicht vorstellen. Er glaubt auch an die Wunder, die das Leben beschert, ans Lachen, einen Spaß und freut sich über das Gefühl, gebraucht zu werden. Nur beim genauen Ton gibt's keine Wunder. Hier gilt das Sprichwort „Ohne Fleiß kein Preis".

„Die Bürokratie ist das schlimmste", sagt Arno und ordnet dabei die eingegangene Post. Er ist eben kein Buchhalter, keiner, der sich stundenlang mit Rechnungen beschäftigen kann.

Bevor er zum richtigen Schimpfen kommt und sein Schnurrbart auf der Oberlippe in Bewegung gerät, öffnet sich die Tür zum Büro. Ute in Arbeitshosen, mit Schieblehre in der Hand, fragt forsch nach einem neuen Bohrer. Arno läßt sofort die Briefe liegen und geht mit in die Werkstatt.

Der „Albrechtsgarten" Nr. 1 ist ein freundlicher Ort, etwas einsam gelegen. Geschichten existieren hier die Menge, über den Bierkeller unterhalb des Hauses zum Beispiel, über Fledermäuse und die Lichternische im verwitterten Granit ... Die Wege von Haus zu Haus kreuzen sich unterm Ahorn, unter Eichen, Linden, Buchen und der einzigen Fichte. Verändert haben sich im Laufe der Jahre die Töne. Oben auf der Bahnlinie dampft keine Lok mehr; Triebwagen befördern jetzt die Reisenden auf historischer Strecke. Autogeräusche dringen deutlicher von der Hauptstraße herüber und widerwillig bremsen die Laster beim Wendemanöver vorm Einkaufsmarkt ... Fremden, die den „Albrechtsgarten" ansteuern, soll wieder eine Stimmgabel aus Holz, fast zwei Meter hoch, den Weg weisen. Kürzlich ist einer dagewesen und hat gefragt, ob die Bewirtschaftung noch existiere. Der dachte, unterm „Geschling" sei die Zeit stehengeblieben.

Die Werkstatt. Hier befand sich bis 1929 die Restauration „Albrechtsgarten".

Stilleben mit Werkzeugen und zugeschnittenem Stabstahl, dem Ausgangsmaterial für die Herstellung der Stimmgabeln.

„Die Mitte der Bohrung ist entscheidend für den genauen Ton ..."

Nach der Fräsbearbeitung des Schaftes.

Dreißig Arbeitsgänge sind nötig für die Herstellung einer Stimmgabel. Die zukünftige Form ist beim Schlichtvorgang schon vorhanden.

Die Rohform nach dem Schruppen.

Der Ton der neuen Stimmgabel wird mit der geeichten „Lehre" verglichen.

Arno Barthelmes schlägt die neue Stimmgabel an. „Abgleichen" – hunderte Male am Tag.

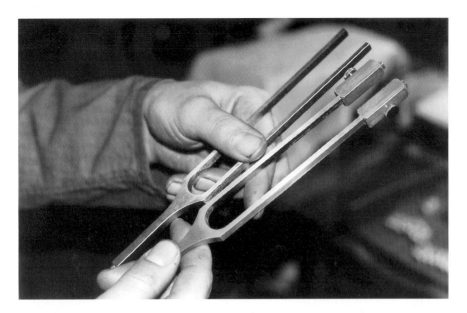

„Man kann mit der Stimmgabel auch kranken Menschen helfen."

Die Rydel-Seiffersche Stimmgabel, Basisstimmung 128 Hertz, mit Dämpfer 64 Hertz.

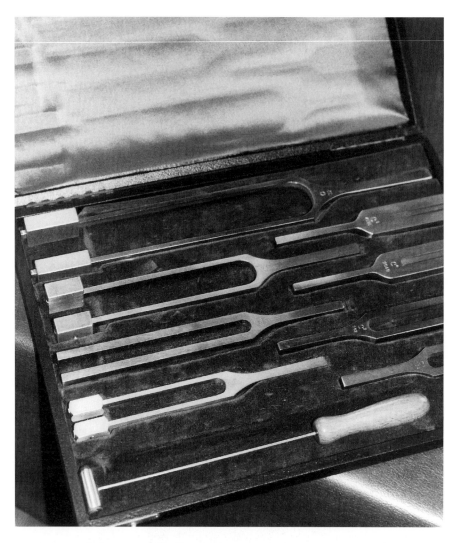

Ein Stimmgabelsatz zur Glockenanalyse.

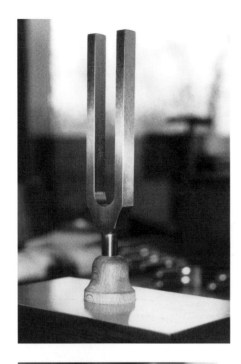

Aus dem Physikunterricht bekannt: Stimmgabel mit Resonanzbox.

„Töne im Geschling" – die größte und die kleinste Stimmgabel der Firma Barthelmes (Zella-Mehlis).

Die Maskenmacherin Irene Hanf mit einer der über siebzig Jahre alten und sorgsam gehüteten Tonformen des Firmengründers Carl Hanf.

„Charakter jeder Art"

Irene Hanf, Maskenmacherin, Jahrgang 1951, Ohrdruf

Der Morgen hat noch nicht aufgeklart. Zu dieser Tageszeit verlassen wenige Autos den Ortsausgang auf der Bundesstraße Nr. 247 nach Luisenthal. In den Räumen der alten Backsteinfabrik, die sich jetzt VEB Papierverarbeitung Ohrdruf nennt, ist Ruhe eingekehrt. Doch dieser Sonnabend gleicht nicht dem vergangenen. Plötzlich kommen Schritte näher und durchqueren die Maschinenhalle. Die breite hölzerne Treppe zum Obergeschoß knarrt auf ihre unverwechselbare Art und verscheucht die letzten Mäuse im Gebälk. Ein schwerer, sicherer Schritt, gefolgt von einem leichten, behenden Trippeln. Es gibt kein Zurück mehr. Dietrich und Irene Hanf haben sich entschieden. Heute werden sie wieder alte Maskenformen in das geheime Versteck transportieren. Vorsicht ist geboten, ein zufälliger Beobachter könnte das Unternehmen gefährden. Doch die Hanfs verscheuchen diesen Gedanken und setzen behutsam eine Maskenkarawane in Gang, angeführt von zwei gutgenährten Herren. Der eine: knubblige Rotnase, hochgezogene grinsende Mundwinkel. Der andere: Zigarre zwischen den zusammengepreßten Zähnen. Beide besitzen ein kräftiges Doppelkinn. Kopfbedeckung: Zylinder und Studentenkappe, tief in die Stirn gedrückt. Schlips und Vatermörder, Blume im Knopfloch, Frack und geblümtes Jackett. Überdimensional ihre Köpfe, kurz gedrungen der Oberkörper mit stilisierten Armen. Es handelt sich um große Aufsetzköpfe aus Pappmaché, die im Karnevalstrubel nicht zu übersehen sind. Flink bewegt sich ein gutgenährter Riesenbauch, der eine passable Figur verspricht. Unterm Arm trägt Dietrich Hanf einen rosafarbenen Schweinekopf mit engan-liegenden Schlappohren. Kisten stapeln sich, darin gut verpackt über fünfzig Jahre alte Formen aus Ton für Gesichtsmasken von Mensch und Tier. Die seltsame Fracht verschwindet im Kleintransporter. Eine Scheune in Crawinkel ist das Ziel der „Maskenretter", und das öfters an den Wochenenden in den Jahren 1978 und 1979. Es könnte so gewesen sein ... Wie die Aktion im einzelnen ablief, wissen die Hanfs genau.

Die Erleichterung über das Gelingen ist ihnen noch heute anzumerken, auch wenn sie selten darüber sprechen. Ihr Mut wurde von einem einzigen Gedanken motiviert: Retten, was zu retten ist.

Irene Hanf: *Die letzten Formen der Maskenfabrik Carl Hanf, die noch in den Regalen lagerten, wären auf dem Müll gelandet. Wir konnten doch nicht zulassen, daß diese letzten Zeugen für den Beruf des Maskenmachers im Thüringer Wald durch die Enteignung vernichtet werden. Mein Mann Dietrich Hanf war damals technischer Direktor im Betrieb und hatte Zugang zu allen Räumen. Seine Vorgesetzten besaßen keine Ahnung vom Wert dieser alten Produktion. Ihnen war auch nicht bewußt, daß mein Mann auf diesem Gelände seine Kindheit und Jugend verbracht hatte. Dieser biographische Hintergrund spielte auch für seine Berufswahl eine entscheidende Rolle; als Ingenieur für Papierverarbeitungs- und Verpackungstechnik besaß er natürlich eine besondere Beziehung zum Papier. Das Wissen über den Firmengründer Carl Hanf und die wechselvolle Firmengeschichte interessierte keinen der damals zuständigen Genossen.*
1972 wurde die Fabrik verstaatlicht und gehörte später als Betriebsteil Ohrdruf zum VEB Etikettendruck Mühlhausen. Ab 1974/75 wurde die Maskenproduktion eingestellt. Das Hauptinteresse galt nun der Verpackung, außerdem wurden Festartikel hergestellt. Die wertvollen Masken verstaubten in den Regalen. Auf Weisung von höherer Stelle kamen einzelne Einrichtungsgegenstände, Handwerkszeuge und Produkte der Maskenmacherwerkstatt 1978/79 nach Erfurt ins Museum für Thüringer Volkskunde, vor allem ausgesuchte Tonformen, große Aufsetzköpfe und schöne alte Eichenfässer, in denen früher Erdfarben zum Bemalen der närrischen Gesichter aufbewahrt wurden.
Damit begann ein unerfreuliches Kapitel, das uns noch heute beschäftigt. Wir haben die originale Werkstatt erhalten können, doch die entnommenen Teile fehlen. Nach der Wende versuchten wir mit dem Museum eine gütliche Einigung über die Exponate als kostenlose Leihgabe. Sie kam nicht zustande, und damit hatten wir auch keinen Einfluß auf die Zukunft dieses Ausstellungsteils. Deshalb sind wir sehr froh über die Zusammenarbeit mit dem Altonaer Museum in Hamburg. 1997 wurden dort in einer Ausstellung Geschichte und Traditionen der thüringischen Maskenmacher gewürdigt. Wir haben Exponate zur Verfügung gestellt und über unser Familienunternehmen erzählt.

Doch zurück in die Vergangenheit. Während der Verlagerung, der wir nie zustimmen konnten, gelangte der größte Teil unserer Formen nach Karl-Marx-Stadt. „Erzgebirgische Festartikel" hieß der Betrieb, dort wurden die Formen wieder aufgearbeitet und verschwanden. Wir wissen bis heute nicht wohin. Unser Maskenpaar „Max und Moritz" haben wir nach der Wende mal auf einer Messe entdeckt. Die Handschrift unserer Modelleure erkannten wir sofort. Die Masken kamen aus Karl-Marx-Stadt. Sie wurden dem Betrieb vor der Abwicklung abgekauft.
Das gleiche Schicksal, nur noch viel dramatischer, erlitten die Maskenmacher in Manebach, Sonneberg und anderen Orten im Thüringer Wald. Was nicht ausgelagert wurde, landete auf dem Schutt. Mein Mann hat von der Halde in Manebach noch Formen der bekannten Firma Eilers & Mey gerettet und sie in die Scheune nach Crawinkel gebracht. Die hatten wir ganz offiziell gemietet. Den wahren Grund kannten nur die Vermieter. Ehemalige Heimarbeiter, die der Familie Hanf zugetan waren, haben uns Böden zur Verfügung gestellt. Etwa hundert Formen haben wir auf diese Weise erhalten können. Der Betriebsleiter hat natürlich gemerkt, was gespielt wurde, er wollte mich verklagen, hat aber dann nichts unternommen. Er wußte, die Formen sind familiäres Eigentum. Wir standen auf Messers Schneide.

Auf dem Schrankbord in der Werkstatt steht ein ausgedienter Musterkoffer. Er ist mit schwarzem Wachsstoff bespannt, die Eckbeschläge sind gut erhalten, Griff und Schlösser funktionieren wie vorzeiten. Er erzählt von weiten Reisen über Land, von Messebesuchen und Vertragsabschlüssen. Mit den Namen der Grossisten von Dippoldiswalde bis Zepernick, die in den fünfziger Jahren Hanfs Papierhüte und Papierlaternen, Dekorationsartikel, Masken und Papierdosen vertrieben, hapert es ein bißchen.
Carl Hanf gründete 1921 in der Ohrdrufer Bahnhofstraße in einer ehemaligen Zigarrenfabrik sein Unternehmen und schickte seinen Sohn Rudolf nach England und Amerika. Ob der Koffer mitreisen durfte, bleibt Spekulation. Rudolf Hanf wurde von der American Wool Cooperation als Kaufmann ausgebildet, gelernt hatte er in Arnstadt, bei Theodor Dieterich, Großhandel in Weiß- und Wollwaren. Zurückgekehrt von der großen Reise, stieg der Junior in das Geschäft ein und organisierte den Warenverkehr in Europa und Amerika ohne Verleger.

Der Inhalt des Koffers ist kein Geheimnis: Fünf Masken zieren die Anrichte. Teufel, Großmutter, Mann mit Schnauzbart, Charleston-Dame und Hexe. Irene Hanf weiß, sie fangen um Mitternacht zu erzählen an und wissen mehr als die noch feuchten Papp-Gesichter von Esel, Pinguin, Frosch, Löwe, Maus, Spatz, Katze, Henne, Hamster und Kuh, Afrikaner, Harlekin und Clown ...

1. Mitternacht

„Erinnern Sie sich noch?", fragt flüsternd die Charleston-Dame und wendet ihren knallrot geschminkten Mund dem jungen Mann mit Schnauzbart zu. Der dreht sich mürrisch zur Seite: „Sie geben mal wieder den Ton an, weil Sie als einzige Farbe im Gesicht haben."
„Streitet euch nicht", grinst der Teufel. „Gedenken wir derer, die nicht mehr unter uns weilen."
„Was mag wohl aus ihnen geworden sein?" fragt mit zitternder Stimme die gutmütige Großmutter.
„Aus und vorbei", kommentiert die Hexe und reckt ihre spitze Nase noch ein bißchen länger.
„Teufel auch", meint der Teufel, „mit dem Kladderadatsch hätt' ich gern einen gehoben."
„Und ich hätte am liebsten den Säugling mit Flasche großgezogen", lacht Großmutter. Und die Charleston-Dame zählt auf, wen sie alles in der alten Zeit kannte: „Börsenspekulant, Schnapsbruder, Droschkenkutscher, Eisenbahnkondukteur, Polizist humoristisch, Räuber und Banditen."
„Ich hielt's gern mit dem Tod, mit dem Schnapsbruder und lachte mich krumm mit Punch und Judy", kreischt der Teufel und erinnert: „Zubehör gab's für jede Verkleidung. Brillen, Monokel, Kneifer, Füße, Hände, Haare aus Flachs, Gummibärtchen ..."
„Halt, halt", beschwert sich der junge Mann, „bitte, nicht die Scherzartikel vergessen, das spritzende Gebiß, den Bierfilz mit Stimme, den Anhänger mit rollenden Augen, die tobende Schachtel, das Bandmaß der Liebe, und – hahaha, gab's damals schon – den Vibrator."
„Ja, ja", beschwichtigt der Teufel. „Das Ding kostete im Dutzend 6,40 Reichsmark. Ich wünsche mir noch heute eine Trompete. Mit der würde ich zum Tanz aufspielen, daß ihr im Paradies noch daran denkt ..."

Nach diesem Angebot Stille auf dem Kofferschrank. Nur zaghaftes Knistern ist zu hören – das feuchte Packpapier trocknet seit Stunden auf den Formen ...

Irene Hanf: *Meinen Mann habe ich 1975 geheiratet. Ich war Lehrerin für Polytechnik, hatte immer mit Werkstoffen zu tun und besaß geschickte Hände. Deshalb kamen auch keine Berührungsängste auf mit den Materialien, die bei den Hanfs verarbeitet wurden. Ich wußte um den Wert der alten Maskenmacherei und die Kunst der Modelleure. Sie besaßen einzigartiges Fachwissen und hatten sich ihre Fertigkeiten in den Thüringer Keramik- und Porzellanmanufakturen angeeignet. Deshalb konnte ich mich nicht einfach damit abfinden, daß ein Kleinod regionaler Kulturgeschichte verschwinden sollte. Die Maskenmacher im Thüringer Wald blicken auf eine Tradition zurück, die erst zu Beginn des 19. Jahrhunderts entstand und eng mit dem Namen der Firma Franck & Co. verbunden ist. Diese Firma wurde 1840 in Ohrdruf gegründet und vertrieb ihre Masken in der ganzen Welt. Vergessen werden sollte auch nicht, daß in Ohrdruf die ersten Schaukelpferde entstanden. Die Erfindung von Carl Eduard Meinung versetzte 1882 auf der Weltausstellung in Brasilien die Menschen ins Staunen. Diese handwerkliche Kunst verschwand fast durch die Verstaatlichung in der DDR, genau wie andere typische Produktionszweige. Nach der Wende krähte kein Hahn nach Puppen, Spielzeug, Porzellan und Thermometern. Jetzt produzieren ABM-Kräfte im Museum wieder Spielzeugpferde aus Pappmaché. Darüber bin ich sehr froh.*
Freude am Sammeln von Masken und Formen begeisterte mich zuerst. Der Gedanke, die Werkstatt wieder zu betreiben, kam später. Die Entscheidung fiel mir leicht, doch viele Steine lagen auf dem Weg, den ich gehen wollte ... Zehn Jahre Schuldienst läßt man nicht so ohne weiteres hinter sich, aber ich hatte keine richtige Freude mehr am Beruf, seit mir meine Stimmbanderkrankung zu schaffen machte. Ich konnte kaum sprechen, hatte teilweise keine Stimme mehr und war im letzten Schuljahr ein halbes Jahr krank. Ich stand vor einer Entscheidung und die konnte nur lauten: Kündigung.
Man bot mir die Berufsunfähigkeit an, aber für die Rente war ich viel zu jung. Ich bat, dann laßt mich gehen, ich geh freiwillig. Der damalige Direktor stand mir bei, aber die Volksbildung spielte nicht mit. Meine fristgemäße Kündigung wurde nicht zur Kenntnis genommen. Ich nahm

mir einen Anwalt, der empfahl: ‚Gehen Sie einfach nicht mehr in die Schule!' Ich hab' den Rat befolgt, wurde zum Kadergespräch bestellt und bekam einen Aufhebungsvertrag. Der hatte Folgen, mir wurden die zehn Jahre Schuldienst und sämtliche Auszeichnungen aberkannt. Das nächste Problem: Ich reichte die Gewerbeerlaubnis ein für die Maskenmacherei. Sie wurde abgelehnt. Ich bin dann erst einmal zwei Jahre Hausfrau gewesen. Mein Mann hat mich unterstützt, mir Mut gemacht.

Per Zufall bin ich zu meiner Gewerbeerlaubnis gekommen. ‚Versuchen Sie's über die Folklore!', lautete ein Rat. DDR und Folklore – das ging gut. Mein Anliegen mußte nur entsprechend formuliert werden. Und gerade in dieser Zeit wollten die Leute feiern, Karnevalsvereine kamen zu mir, suchten Masken und Pappnasen. 1986 hab ich die Gewerbeerlaubnis bekommen mit dem Vermerk, daß ich nur allein arbeiten darf. In der DDR wollte mich die Handwerkskammer nicht haben. Die Wende kam. Mit einem Schlag war Frau Hanf in der Handwerksrolle, als „Holzblockmacher". Seit 1999 werde ich unter der Rubrik „Maskenbildner" geführt. Diese unzutreffenden Bezeichnungen rühren daher, weil die Maskenmacherei nicht mehr als eigenständiges Handwerk existiert. Wo soll man es einordnen? Die Problematik bestand schon in der DDR. Deshalb konnten auch keine Lehrlinge ausgebildet werden. Das hat sich bis heute nicht verändert. Wo sollen die Lehrlinge zur Berufsschule gehen?

2. Mitternacht

„Guten Abend, meine verehrten Herrschaften. Gut ausgeschlafen?" fragt die Großmutter neugierig.

„Was soll denn das heißen", murrt der Teufel. „Am Tag passiert so viel, daß wir gar nicht zum Schlafen kommen. Hätte ich nur einen Ellenbogen, ich würde Sie richtig anrempeln!"

„Der Teufel fährt aus der Haut", grinst die Großmutter. „Wie viele interessante Leute hier in der Woche ein- und ausgehen. Für mich alte Frau ist das spannend. Würde gern in der Kreativwerkstatt mitmachen und eine Maske bemalen."

„Soweit sind wir schon", empört sich die Hexe. „Die Fremden kommen mit dem Reisebüro, und bald sind es volle Busse."

„Ach, du altes Knatterweib", lacht Großmutter. „Du übertreibst wie immer. Ihr Kleinod lassen sich die Hanfs nicht vermarken."
„Vermarkten, heißt das", erklärt der Teufel.
„Ich weiß genau", hüstelt Großmutters Stimme, „reich werden die Hanfs mit ihren Masken nicht."
„Das ist uns bekannt." Gelangweilt kaut der junge Mann mit den Lippen am feingedrehten Schnurrbart.
„Aber ohne Irene Hanf", reagiert enthusiastisch der Teufel, „gäbe es uns gar nicht. Und warum ist das so? Weil sie uns liebt. Haben Sie sich, verehrte Freunde, überhaupt einmal Gedanken gemacht, wieviel Arbeit notwendig ist, bis wir mit unserem Gesicht in die Welt blicken können? Holzhaltiges Papier von 150 Gramm wird für ein paar Tage im Wasser eingeweicht. Das ist schon in Streifen handfertig zugeschnitten. Nach dem Einweichen tropft es ab und wird mit Tapetenkleister eingestrichen. Die ausgesuchte Maskenform aus Ton ist frisch gewachst ..." Einwurf der Großmutter: „Mit Bohnerwachs, damit sich die Form nach dem Trocknen gut löst."
„Frau Hanf", fährt der Teufel fort, „reißt die nassen Papierstreifen vorsichtig in Stücke und klebt sie Lage um Lage auf die Form. Der äußere Rand der künftigen Maske wird dreifach verstärkt. In acht bis fünfzehn Minuten muß das neue Gesicht geklebt sein. Ist die Maske im Umluftofen getrocknet, wird sie abgenommen, nachgearbeitet und beschnitten. Danach werden die Augen mit einem besonderen Eisen ausgeschlagen. Für die Öffnungen von Mund und Nase benutzt die Maskenmacherin Schere oder Messer."
„Für die nächste Antwort bin ich zuständig", ruft die Charleston-Dame. „Wasserfarbe haucht den Masken Leben ein!"
„Vergessen Sie nicht", grinst der junge Herr, „daß Frau Hanf jede Maske von Hand bemalt. Unikat nennt man so etwas in Fachkreisen. Jedes Gesicht sieht anders aus."
„Und jede Maske ist ein zweifaches Unikat", wirft die Dame ein. „Keine Rohform gleicht der anderen, und wenn ein anderer als Frau Hanf sie bemalen würde, käme ein ganz anderes Gesicht zum Vorschein."

Mit dem benötigten Papier hat Irene Hanf keine Schwierigkeiten. Das bekommt sie als Abfallprodukt von ihrem Mann, der seine Firma für Festartikel und Verpackungsmittel 1993 ins Leben gerufen hat. Mit einigen Angestellten und Heimarbeitern produziert er Runddosen, Hülsen und Schachteln aus Well- und Vollpappe. Rückläufig sind Bestellungen von Papierhüten, Filz ist gegenwärtig gefragt.

„Wir stehen als Ehepaar hinter unserer Arbeit, die sich sehr gut miteinander vereinbart", erzählt Frau Hanf. „Wir verkraften, wenn ein Partner vom anderen lebt. Harmonie und Verständnis lautet unsere Devise, damit lassen sich Krisen leichter bewältigen."

In den Jahren 1986 bis 1989 hatte Irene Hanf alle Hände voll zu tun. Sie kam mit den Bestellungen fast nicht mehr nach. Volle Auftragsbücher. Zufriedene Kunden. Das Handwerk brauchte keine Werbung. Nach der Wende mußten die Hanfs neue, direkte Wege zu ihren Kunden ausprobieren. „Wir sind breit gefächert, bleiben aber ein kleines Unternehmen. Über den Einzelhandel sind meine Masken nicht zu vertreiben. Diese Erfahrung habe ich nach der Wende machen müssen. Karnevalsvereine und Theater gehören zu den Kunden, und die kommen persönlich zu mir und suchen sich ihre Masken aus. Ich arbeite mit Kindergärten und Schulen. Übers Wochenende bin ich in den alten Bundesländern auf Kunsthandwerkermärkten und Volksfesten unterwegs. Jeder Auftritt ein Aha-Effekt. Masken aus Pappmaché kennt man dort überhaupt nicht mehr. Nur die CESAR-Masken aus Frankreich, und die werden aus Plastik und Kautschuk gefertigt. Auf diesen Märkten lade ich Kinder zum Gestalten der Rohmasken ein. Jetzt kommt vieles zum Tragen", sagt Irene Hanf selbstbewußt, „was ich in den letzten Jahren vorbereitet habe."

„Da sieht man Modelle in verschiedenen Formen, / ganz häßliche und ganz feine, / für große Gesichter, größere erkoren, / findet Kindergesichter ganz kleine. // Da gibt es Charakter jeder Art / und Gesichter vieler Nationen. / Weihnachtsmasken mit und ohne Bart, / auch Teufel und andere ..." Der Rest des Textes ist unleserlich. Gewidmet wurde er der Firma in den fünfziger Jahren von den Angestellten. An dieser „Hymne" hätte Carl Hanf auch seine Freude gehabt, versichert die Maskenmacherin und fügt hinzu: „Die Firmenphilosophie von damals hat sich nicht geändert. Es wird nur mit den alten Formen gearbeitet."

Ihre Maskengesichter sind deftig und robust, alterslos und weise. Hinter einer Grimasse verbirgt sich schelmisches Lächeln, hinter der Traurigkeit lugt ein Spaßmacher. Archaische Rudimente scheinen auf, religiöse und heidnische Feste und Bräuche, mühsam dreht sich das Lebensrad und erinnert an Geburt und Tod.

„Meine Masken sind zweideutig, diese Botschaft verstehen die Menschen", sagt Irene Hanf. „Wer zu mir kommt, liebt die Freude am Verkleiden, möchte sich für Tanz und Fest schmücken. Mal eine andere Person sein, eine Rolle ausprobieren, für kurze Zeit die Identität verändern, diesen Wunsch hat doch jeder einmal. Ich erlebe fast täglich, wie stark der Drang nach Verkleidung ist. In Dresden, zum Elbhangfest, haben sich die Leute von sonstwoher Masken für den historischen Ball besorgt."
Hat jeder Mensch die Masken verdient, die er trägt? Frau Hanf lächelt still in sich. Sie weiß, Masken verlangen Achtung und Demut, sie helfen, Tod und Leben etwas besser zu verstehen. Im Spiel, im Ritual der alten Naturvölker, in der Verwandlung des Maskentänzers zum heiligen Lebewesen. Die Kulturgeschichte der Maske fasziniert Irene Hanf. Davon erzählt sie ihren Besuchern.
Besonders die Kinder liegen ihr am Herzen. Wenn sie nicht mit ihnen auf Märkten zusammentrifft, so erfüllt sie ihre Wünsche zu Hause und liefert Rohmasken zum Selbstbemalen in verschiedenen Sortimenten.

„Mit dem Handwerk ist das große Geld nicht zu verdienen", lacht Irene Hanf. „Darum geht es mir auch nicht in erster Linie." Sie erzählt von ihren beiden Töchtern, die vielleicht einmal das Handwerk fortführen. Die Große hat nach dem Abitur eine Töpferlehre begonnen und inzwischen abgeschlossen. Sie möchte gerne auf Burg Giebichenstein studieren. Die Jüngere lernt seit ihrem Realschulabschluß in einer berufsbildenden Einrichtung und wird vielleicht einmal als Gestalterin tätig sein. „Ich will meine Kinder nicht unter Druck setzen, sie sollen selbst entscheiden können. In den neuen Bundesländern haben manche Jugendliche noch die Chance, im familiären Handwerksbetrieb unterzukommen. Aber wenn das Handwerk wegbricht, geht auch die Wirtschaft bergab. Ein reines Dienstleistungsland können wir doch nicht werden."

3. Mitternacht

„Aua! Mein Ohr ..." Ein ersticktes Gurgeln ist zu vernehmen. „Könnte ich doch nur noch ein Stückchen von Ihnen wegrücken. Aber es ist kein Platz mehr auf dem Schrank." Die Teufelsmaske wackelt gefährlich, während die Großmutter ihr gemütliches Lächeln aufsetzt.

„Wir haben viel zu viel in den letzten Nächten erzählt", flüstert der junge Mann mit Bart.

„Und doch noch etwas vergessen", mahnt der Teufel. „Ich sehe das alte Foto vor mir. Fünf Stufen führen zur Eingangstür des Schnittwaren-Geschäftes in Crawinkel, im Jahre 1910."

„Ich steh nicht auf Fotos", meckert mit rauher Stimme die Hexe.

Der Teufel läßt sich nicht unterbrechen. „Schneidermeister Carl Hanf vertrat sich die Beine auf der vorletzten Treppenstufe. Es hatte nicht geschneit, der Wind wehte kalt vom Kienberg herüber. Das Schnittwaren-Geschäft blieb geschlossen. Carl Hanf legte selbst Hand an und betätigte den Leinenriemen für die schwere Schaufensterjalousie. Jetzt muß der Mann stillstehen, der Fotograf richtet die Kamera ..."

„Ein Foto von Carl Hanf, unserem Firmengründer?" fragt Großmutter.

„Ja, er war zuerst Schneidermeister und nähte auch für die Firma Franck & Co. in Ohrdruf Karnevalskostüme und Masken aus Trikotstoff." Der Teufel wird abgelenkt vom Niesen nebenan. „Gesundheit, Großmutter!" Die Maske bleibt stumm. Nur der junge Mann findet gähnend noch Zeit für einen letzten Kommentar: „Carl Hanf war eben einfallsreich, ein Unternehmer mit Ideen, würde man heute sagen." Er bekommt keine Antwort, stattdessen schnarchen seine vier Gefährten der nächsten Mitternacht entgegen.

Die Maskenmacherin denkt noch nicht an den Feierabend. Sie sortiert Arbeitsformen und schafft Ordnung unter den Dupletten – Abgüsse, die sie seit längerem von den ältesten Formen herstellen läßt. Damit will sie den Bestand schonen und bewahren. Sie möchte ihre besten Freunde, die seit langem zur Familie gehören, nicht verlieren.

Blick in die Werkstatt-Räume.

Erhalten blieben auch die originalen Musterkoffer samt Inhalt.

Der erste Arbeitsschritt: Das Maskenmodell (Arbeitsform) wird mit flüssigem Wachs bestrichen.

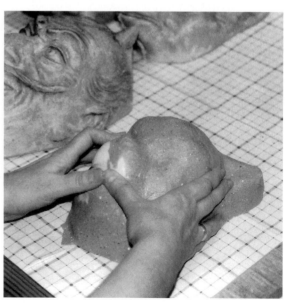

Holzhaltiges, im Wasser geweichtes Papier, reißt Irene Hanf in kleinere Stücke, streicht es mit Kleber ein und „legt" es auf die Form. Dabei arbeitet sie die Konturen heraus.

Nach dem Trocknen wird die Maske abgenommen, beschnitten und nachgearbeitet.

*Farben und Pinsel sind aus der Werkstatt nicht wegzudenken.
Jede bemalte Rohmaske ist ein Unikat.*

*Maskenköpfe,
deftig und robust.*

Der Hanfsche „Teufel" – listig, weise und alterslos.

Der Edelsteinschleifer Axel Frank an seinem Arbeitsplatz.

Aus Zwei mach Zehn ...

Axel Frank, Edelsteinschleifer, Jahrgang 1961, Hörselgau bei Waltershausen

Tarrawilla Station, achtzig Kilometer nördlich von Adelaide. Mitte des 18. Jahrhunderts. Schreiend fallen sich einige Männer in die Arme. Sie kleben aneinander vor Dreck, der überall an ihren ausgemergelten Körpern haftet. Opale! Opale! Vergessen ist die Tortur der langen Suche im dumpfen Erdloch. Das australische Queensland hat das Geheimnis eisenhaltiger Gesteine endlich preisgegeben ...
„Andere Stimmen behaupteten damals", sagt der Edelsteinschleifer Axel Frank, „in Listowl Downs sei der erste Opal gefunden worden. Niemand hat das beweisen können, da keine Dokumente über die erste kommerziell betriebene australische Mine existieren." Er begeistert sich an solchen Geschichten und kennt ein paar handfeste Stories, die nicht in Büchern oder Zeitschriften stehen. Er deutet nur an, was er weiß, wenn er auf die Turmalinberge der Mudschaheddins in Afghanistan oder auf den Steinschmuggel zwischen Kenia und Tansania zu sprechen kommt. Bevor er sich im Gedruckten festliest, studiert er die „Weltkarte der Edelsteine" an der Bürowand hinterm Schreibtisch. Farbige Symbole quirlen über Längen- und Breitengrade. Alexandrite, Berylle, Turmaline, Aquamarine, Rubine, Saphire ... Brasilien, Tansania, Rußland, Ceylon, Kenia, Madagaskar ... Axel Frank kennt die Namen der Länder, Lagerstätten und Minen fast aus dem Kopf. In diesem Moment ist die Erde eine wunderbare Schatzkammer, die nur den Staunenden ihre Wunder zeigen sollte. Hörselgau liegt irgendwo in einer anderen Dimension, weit weg die Autobahn am Dorfrand ...
Versonnen schaut Axel Frank auf seine Weltkarte. Er spricht leise wie im Selbstgespräch. Bei größerem Wortaufwand verkapseln sich die hastig gesprochenen Sätze und werden verschluckt. „Ich weiß, ich nüschle", sagt Axel Frank. Die enggebundene ausgewaschene blaue Arbeitsschürze umschnürt den schlanken Oberkörper und läßt zahlreiche Vermutungen zu, welches Handwerk Axel Frank als einziger in Thüringen betreiben könnte.

Durch seinen Schwiegervater Gerhard Florschütz kam der junge Mann mit dem seltenen Handwerk in Berührung. Gerhard Florschütz schliff in Waltershausen seit den fünfziger Jahren hauptsächlich synthetische Steine für die DDR-Schmuckindustrie. Axel Frank arbeitete seit 1978 als Klempner in Gotha und suchte seit längerem eine Arbeitsstelle, die näher an Waltershausen lag. Er bat seinen Schwiegervater um Hilfe.

„Aus Spaß ließ der mich in der Werkstatt mitmachen und motivierte mich für eine Erwachsenenqualifzierung. Das war 1982. Ich war damals der einzige Bewerber für diesen Berufszweig der Goldschmiedekunst und lernte an der Fachschule in Arnstadt. Habe mich ausschließlich autodiaktisch weitergebildet. In Arnstadt versuchten sich einige Schleifer schon drei, vier oder fünf Jahre, die kamen einfach nicht weiter. Ich lernte schneller, weil ich wohl etwas talentiert war. Nach einem halben Jahr polierte und schliff ich schon. Damals zählte die Ausbildung zum edelmetallverarbeitenden Handwerk, Spezialisierung Steinschleifer. Den Gesellenbrief erhielt ich 1985."

Lapidaris steht in geschwungenen Kursivbuchstaben auf der Visitenkarte. Die lateinische Bezeichnung für Steinschleifer, deren Kunst weit in das Altertum zurückreicht. Axel Frank unterbricht weitere Erklärungen, wirft ein, daß er nicht die Kunst der plastischen Ausarbeitung beherrsche, keine Gemmen oder Kameen herstelle. Sein Können geht auf den Niederländer Ludwig van Berquem zurück, der Mitte des 15. Jahrhunderts den Edelsteinschliff begründete. Vorher gab es die Trennung von Diamant-, Farbstein- und Achatschleiferei noch nicht. Um 1500 wird in Idar-Oberstein die erste Achatschleifmühle erwähnt. Sie wurde durch ein Mühlrad angetrieben, der Schleifer lag auf dem Bauch und drückte den Achat gegen den Mühlstein. Axel Frank hat Schleifern bei der Arbeit zugesehen, die heute noch genauso arbeiten. „Ich arbeite weniger anstrengend. Poliere farbige Rohsteine, biete sie zum Verkauf an, schleife alte Schmucksteine wieder ein und beteilige mich an Entwürfen für Meisterstücke. Aufträge für neue Stücke und Reparaturen erhalte ich von Goldschmieden, deshalb bin ich auch Mitglied ihrer Innung."

1984 verstarb Gerhard Florschütz. Axel Frank war zu diesem Zeitpunkt noch kein Meister. Er konnte die Werkstatt nicht übernehmen. Die befand sich im Gebäude der Fa. Kestner jr., bekannt für die Herstellung von Gelenkpuppen. Im weitläufigen Fabrikkomplex hatten sich die selbständigen Schmuck- und Glasschmuckmacher aus Waltershausen und Umgebung niedergelassen. Die meisten von ihnen stammten aus dem Raum um das nordböhmische Gablonz und kamen nach dem Zweiten Weltkrieg ins Thüringische. Zu ihnen gehörte auch die Familie Seiboth, die Glassteine bearbeitete für Lüster, Glasperlen aufzog oder Knöpfe drückte. In diese Familie heiratete Gerhard Florschütz. Sein Sohn Bernd, von Beruf Goldschmied, rettete den väterlichen Betrieb und beantragte 1984 eine Gewerbeerweiterung. Er wirkte in der Werkstatt, bis Axel Frank im Mai 1990 als Meister einstieg.

Axel Frank hielt bei Puppen-Kestner die Stellung. „Ich war in dem verwaisten Gebäude zuletzt ganz allein. Die Kosten für die Werkstatt waren zu hoch. Deshalb bin ich 1993 runtergezogen, nach Hörselgau." Dort wohnte er schon einige Jahre im großelterlichen Haus. Axel Frank wollte nicht mehr zwischen Tür und Angel arbeiten, er baute um und richtete sich im Parterre Werkstatt und Büro ein.

„Vielleicht wäre mein Leben ganz anders verlaufen, wenn ich 1990 das Angebot eines brasilianischen Minenbesitzers angenommen hätte. Der suchte deutsche Schleifer für seine Aquamarine und Turmaline. Ich hatte Bedenken, fragte, was kommt da auf mich zu. Haus verkaufen, Umzug mit der Familie oder allein gehen? Ich bin geblieben. In Brasilien hätte ich mich umstellen müssen. Dort werden die Steine auf Gewicht geschliffen, nicht so hochfein wie bei uns. Deshalb ist der deutsche Schliff in der Welt so begehrt. Wir haben ja selbst fast keine Edelsteinvorkommen. In den Alpen ein bißchen Bergkristall, Topase am Schneckenstein in Sachsen, Schneekopfkugeln in Thüringen und weiter östlich nach Schlesien zu noch etwas Chrysopras."

Axel Frank gibt zu bedenken, daß seine Handwerkskunst heute nichts Besonderes sei. „Gefragt ist nicht das künstlerische Experiment. Davon könnte ich gar nicht existieren. Ich arbeite sozusagen am Rande, nicht zu vergleichen mit Idar-Oberstein. Das ist eine riesige Industrie, mit hochwertigsten Schleifmaschinen, Mikroskopen und Computern, in der ein einzelner wie ich nichts zu suchen hat. Mein Schwiegervater konnte mehrere Mitarbeiter einstellen, trotzdem bündelten sich die Aufträge bei Wartezeiten von ein, zwei Jahren. Aufträge für echte Steine kamen in der DDR sehr selten. Mit meinem Schwiegervater arbeitete ich am Neuschliff von Altarsteinen aus dem 13. Jahrhundert. Das war etwas ganz Großes für mich. Die synthetischen Steine waren aber auch sehr interessant, sie besaßen die gleiche Härte, Transparenz und Farbe wie echte Steine. Ein Laie konnte sie nicht unterscheiden."

Über seinen Beruf sagt Axel Frank: „Ich muß mathematische Gesetze beherrschen, die chemische Zusammensetzung der Steine, ihr Gewicht, ihre Symmetrie und ihre Masse in Karat kennen. Ich bin aber kein Geologe oder Mineraloge. Ich kenn' die Steine nur als Schleifer. Ihre Härte ist ausschlaggebend für eine erfolgreiche Bearbeitung. Und da gibt es Unterschiede. Die Härte wird nach einer Skala bestimmt, die der Mineraloge Friedrich Mohs im 18. Jahrhundert erstellt hat. Sie erleichtert die Klassifizierung der Mineralien und Edelsteine. Nach dieser Skala hat der Diamant mit Härte Zehn den höchsten Grad, das heißt, er ist nicht ritzbar."

Anfangs fehlte Axel Frank für den Beruf das Sitzfleisch. „Ich bin nach einer Stunde rausgegangen, um den Brunnen herumgelaufen. Ich mußte mich disziplinieren. Die Arbeit in der Werkstatt war ja mit dem Unterricht an der Fachschule nicht zu vergleichen. Nach einem halben Jahr hatte ich mich eingewöhnt. Heute bereitet mir der Rücken Probleme. Ich müßte mehr Sport treiben, der jährliche Rennsteiglauf gehört schon zur Vergangenheit."

Die Werkstatt besteht aus einem quadratischem Raum mit niedriger Decke. „Etwas Besonderes gibt es hier nicht zu sehen", wehrt Axel Frank neugierige Blicke ab. Das breite Fensterbrett schmücken Zierpflanzen, ein Ficus, ein Dickblatt, davor wurde ein Doppelschleiftisch gerückt. Axel Frank nimmt am selbstgebauten Tisch an der gegenüberliegenden Wand Platz. Er hat sein Werkzeug sorgsam vorbereitet, die bleistiftähnlichen Kittstöcke, verschiedene Schleifscheiben, das Polierpulver bereitgestellt. Die Arbeitslampe wirft ihren Lichtkegel direkt auf die Hände des Schleifers. Geschickte, sichere Hände. Ein Gefühl für die Struktur des Steins, darauf kommt es an. „Ich weiß natürlich, wie ich schleifen muß, der Stein soll ja nicht wie buntes Glas aussehen." Auf der Spitze des Kittstockes haftet der erwärmte Stein, ein Aquamarin. „Das ist eine Reparatur. Der Stein ist abgetragen, hatte einen guten Schliff", sagt Axel Frank. Seine Stimme geht in dröhnenden Geräuschen unter.

Eine spezielle Vorrichtung, ein Lochbrett, ermöglicht dem Schleifer die Einstellung des gewünschten Winkels zur Führung des Kittstockes. Die linke Hand neigt den Kittstock zur Scheibe, die mit feinem, kaum erkennbaren Diamantstaub bestreut wurde. Axel Frank schleift die Seiten der „Tafel", er facettiert. „Ich verschleife mich selten, ich sitze so, wie ich schleifen will, da kann nichts passieren. Am liebsten arbeite ich mit facettierten Steinen, mit Turmalinen, Beryllen, Topasen und Smaragden. Heute geht der Trend zum Phantasiestein, der wegen seines verrückten Schliffes gefragt ist. Doch wer den Schliff eines runden Steines, eines Cabochons, nicht beherrscht, der wird auch keine anderen Schliffformen ausführen können, wie den Stern, das Trapez, das rechteckige Baguette, ein Herz oder einen Tropfen. Am schwersten ist der Brillantschliff mit sechsundfünfzig geometrisch exakten Facetten."

Axel Frank liebt edle Steine über alles. Es würde ihm schwerfallen, seinen Beruf aufzugeben. Doch er betont, er übertreibe es damit nicht. Sein Beruf sei ihm kein Hobby. „Ich finde Steine schön, wenn sie geschliffen sind, von manchen Steinen kann ich mich schwer trennen, aber ich sammle sie nicht privat. Eine gute Sammlung könnte ich leicht aufbauen, mit ausgefallenen Exemplaren von Rohsteinhändlern. Aber ich finde nichts dabei, wenn ich mir einen Achat in die Vitrine lege. Von den Goldschmieden, die sammeln, ernte ich in dieser Beziehung Erstaunen, die verstehen das nicht. Ich würde mir auch keine Versteinerungen und Fossilien aufheben wie mancher Natur- und Schmucksteinschleifer. Das hängt bestimmt damit zusammen, daß ich kein materieller Typ bin und Dinge anhäufe. Hab' ich einmal ein bißchen Zeit übrig, dann schleife ich etwas für meine Frau oder arbeite an einem Stein, den ich vielleicht einmal ausstellen kann. Dieses Schaustück erfüllt einen öffentlichen Zweck und würde bei mir nie in einer Schublade landen."

Der Hörselgauer bewundert Steine, die seine Phantasie ansprechen. Achate, die in ihrer Struktur an Berge, Wüsten und Pflanzenteile erinnern. Zur Bestätigung zeigt er gern einige der flachen Platten, die von Liebhabern hoch geschätzt werden. „Diese mit einer moosähnlichen Musterung und Färbung wird Moosachat genannt. Es gibt davon wieder verschiedene Varietäten mit andersfarbigem Hintergrund. Diese Steinlandschaften werden in den unterschiedlichsten Größen angeboten, als Miniatur, als Anhänger oder als Ring. Wenn ich diese Steine genau betrachte, entdecke ich sogar Bäume und Sträucher."

turamali – Axel Frank läßt das singhalesische Wort auf seinen Lippen klingen. Es bedeutet „Stein mit gemischten Farben" und bezeichnet den Turmalin. „Ich liebe Turmaline", bekräftigt Axel Frank mit einer Handgeste. „Ihr Farbenreichtum ist einzigartig, von weiß bis schwarz, gelb, rot, grün. Ein einzelner Turmalin kann bis zu zwölf Farben enthalten. Dieses große Spektrum ist für mich natürlich wunderbar. Man

kann zweifarbige Steine schleifen, zum Beispiel kann die Oberfläche grün sein, der restliche Stein rot. Sie eignen sich zum Facettieren und für Cabochons. Steinschneider können Kameen und Intaglios gravieren. Mich begeistert auch die junge Geschichte der Turmaline. Im 16. Jahrhundert zuerst in Brasilien entdeckt, hielt man sie für Smaragde. Erst nach zweihundert Jahren wurde dieses Mißverständnis aufgeklärt."
In Wahlwinkel, nur ein paar Kilometer südlich vom heutigen Zuhause, ist Axel Frank aufgewachsen. Über seine Kindheit befragt, sagt er lakonisch: „An Weltbewegendes kann ich mich nicht erinnern." Und doch hat seine Kindheit ein Stück des Weges zum späteren Handwerk gewiesen. Die Familie Frank wohnt auf dem Bauernhof. Der Vater ist Maurer und Polier, die Mutter arbeitet in der Backstube. Tiere gehören zum Alltag. „Ich hab' die Natur erkundet, hatte immer einen Hund. Spiel und sinnvolle Beschäftigung gehörten zusammen. Ich hab' Scharrblätter für die Kaninchen gestochen, im Wald Höhlen und Unterstände gebaut, war mit Pfeil und Bogen unterwegs. Das ist doch heute für Kinder langweilig. Ich hab' Falken großgezogen, die im Wald verunglückt waren. Dafür war ich als Kind bekannt. Ich würde mir sogar einen Elefanten holen, wenn Hagenbeck den nicht mehr braucht."

Kurz vor der Wende gewinnt Axel Frank auf einer Tombola den ersten Wellensittich. „Jedesmal, wenn ich eine Voliere sah, war ich von diesen Vögeln begeistert. Ich kaufte mir noch einen dazu. Erst waren es zwei, dann vier, dann zehn. Fachliteratur gab es in der DDR kaum, ich durchwühlte Flohmärkte und fand ein altes Buch über Wellensittiche. Die Voliere an unserem Haus war frei, früher hatte dort die Perserkatze gelebt. Ich richtete sie für die Vögel her und begann mich für die Zucht zu interessieren." Axel Frank erhielt die Zuchtgenehmigung, nachdem er alle geforderten Prüfungen bestanden hatte. „Man muß viel wissen über Pflege, Aufzucht, Brütezeit, Krankheiten, oder wie man sich verhält beim Kauf eines neuen Vogels. Ich muß ein Zuchtbuch führen und die Vögel beringen, und das ist ohne Zuchtgenehmigung vom Landrat und Veterinäramt nicht möglich."
Die Wellensittiche erhielten neue Nachbarn. Seit Mai 1993 züchtet Axel Frank Graupapageien (Psittacus erithacus), hauptsächlich verbreitet in Zentralafrika und bekannt als vorzügliche Stimmenimitatoren. „Manchmal erlöse ich die Vögel, kaufe sie frei. Sie sind oft gerupft und gestreßt durch schlechte, falsche Haltung und Zucht."

Im Frühjahr 1997 bekam Axel Frank einen Anruf aus Dortmund, ob er nicht einen dunkelroten Ara (Ara chloroptera) kaufen wolle. Der Papagei sei fünfzehn Jahre alt, importiert aus Bolivien. Der kostbare, in kräftigen Farben leuchtende Ara mußte als Attraktion in einer Gaststätte herhalten. Diese unsachgemäße Haltung war ein Grund für den Verkauf. Für Axel Frank ein Freikauf. „Ich habe mir eine Spezialkiste besorgt und bin mit dem Auto losgefahren. Der Halter hatte Angst vor dem Ara. Tür auf, Futter rein, Tür zu. Der Ara war verhaltensgestört, er wiegte sich hin und her, wie das angekettete Elefanten machen. Dieser Zustand hat sich rasch gebessert, nachdem er einige Zeit bei mir war. Er hat eine eigene, große Voliere und erhält eine ausgewogene Ernährung. Ich bin froh, daß ich ihn dort rausgeholt habe. Jetzt lebt er in guter Gesellschaft, mit einem anderen Ara, den ich im Frühjahr 1998 dazu gekauft habe."

Wie alle anderen „Neuzugänge" kam der Ara aus Dortmund zuerst in die Werkstatt, zum Eingewöhnen. „Da kann ich am besten die Vögel beobachten und bin nicht allein mit mir. Ich fühle mich nicht als Eigenbrötler. Früher als Junge und auch noch als Erwachsener war ich sehr schüchtern. Jetzt löchere ich jeden und gehe auf die Leute zu. Ich stelle mir jeden Tag neue Ziele, und ich liebe die Momente mit der Familie, das gemeinsame Kaffeetrinken im Garten. Da sage ich mir: ‚Uns geht's gut.' Anders sieht das beim Handwerk aus. Als Meister bin ich berechtigt, einen Lehrling auszubilden. Aber ich sehe dafür keine richtige Perspektive. Ich müßte fast die ganze Ausbildung finanzieren, den Lehrling nach Idar-Oberstein schicken. Ich muß ihm was beibringen, und wenn er fertig ist, bleibt er dort. Ich kann ihm hier in meiner Werkstatt keinen festen und gutbezahlten Arbeitsplatz garantieren."

Axel Frank arbeitet genau und fordert das auch von anderen. „Vielleicht ist das mein Fehler. Wenn meine Frau mir in der Werkstatt hilft und nicht vorankommt, spring' ich schon mal auf die Palme. Es ist gut, wenn dann die Luft raus ist, dann merke ich, das bin ja eigentlich gar nicht ich. Ich fluch' dann mit mir selber." Er flucht gerne, gibt er zu, das befreie ihn.

Wie lebt er im Dorf? „Die meisten Leute wissen nicht, was ich treibe. In die Kneipe gehe ich selten. Manchmal fahre ich mit dem Fahrrad über Land oder besuche die Vereinssitzungen der Papageienzüchter in Mechterstädt. Meine weiteste Reise führt mich jährlich nach Idar-Oberstein. Die Edelsteinschleifer aus ganz Deutschland treffen sich dort zur

Börse. Mit einigen Meistern habe ich gute, freundschaftliche Kontakte. Sie schleifen mir Rohsteine oder helfen mir bei besonderen Aufträgen. Sind die Geschäfte abgewickelt, sitzen wir abends zusammen, fachsimpeln und reden über Gott und die Welt. Der eine weiß, wo wieder eine neue Mine eröffnet wurde, der andere kennt einen neuen Stein, für den sich das Juwelierhaus Tiffany einen schönen Namen einfallen ließ, wie beim Tsaworit aus Kenia. Wir sind eine Familie. In der Runde redet keiner über mich, weil ich aus dem Osten komme. Es wird nicht nur getrunken. Auf den Tisch kommt unser Schleiferessen, Original Spießbraten. Das ist Tradition in Idar-Oberstein."
Axel Frank freut sich wie ein Junge, der ein Geheimnis ausplaudert, auch wenn es sich nur um ein Rezept handelt. „Über offenem Feuer, bestückt mit Buchenholz, brät ausgesuchtes Rindfleisch. Pellkartoffeln werden aufgeschlagen, mit saurer Sahne übergossen, dazu Rettichsalat, für den Zwiebeln und Knoblauch in Sahne eingelegt wurden." Kein Zweifel, hier spricht ein Liebhaber kräftiger und rustikaler Küche. Holzkohle für den Spießbraten zu verwenden sei ein Frevel. Buchenholz muß es sein. Das sammelt Axel Frank inzwischen für seine eigenen Spezialitäten. In einem anderen Leben wäre Axel Frank vielleicht Koch geworden, der Hausmannskost sorgfältig zubereitet und abschmeckt. Gelingt ihm der Original Spießbraten zu Hause? Axel Frank verrät mit verschmitztem Gesichtsausdruck: „Original bleibt Original."
Zwei Leidenschaften genügen ihm, edle Tiere, edle Steine. Eine doppelte Liebe, die ihn mit ihrer ständig veränderten Vielfalt verzaubere und für die er die richtige Hand hätte. „Mein Leben ist ausgefüllt, um die Welt brauche ich nicht zu reisen, die kommt jeden Tag zu mir."

Sichere Hände und Augenmaß – Axel Frank prüft den Schliff.

Edle Steine, auf Kittstöcken befestigt, in ihrer Formen- und Schliffvielfalt.

*Axel Frank schleift; die linke Hand neigt den Kittstock zur Scheibe ...
Im Hintergrund das Lochbrett zur Einstellung des gewünschten Winkels.*

Wolfgang Geyer, Stockmachermeister und Geschäftsführer der Stockmanufaktur Lindewerra.

"Es ist der Stock, der manchem fehlt"

Wolfgang Geyer, Stockmacher, Jahrgang 1948, Lindewerra im Eichsfeld

Wo liegt Lindewerra? An der Werra. Wie kommt man nach Lindewerra? Immer flußwärts. Das sagt sich leicht. In Lindewerra geht die Zeit anders. Der Teufel konnte ihr kein Schnäppchen schlagen, als er sich in der Walpurgnisnacht auf dem Harzer Blocksberg verwettete. Einen Felsen wollte er auf den Hohen Meißner transportieren, ermüdete unterwegs und schlief am Höheberg über der Werra ein. Eine Hexe überraschte den erschöpften Teufel und weckte ihn. Schäumend vor Wut stürzte er ins Tal und drückte seinen Pferdefuß tief in die weiche Erde. Der Abdruck veränderte den Lauf des Flusses. Von den Ausläufern des hessischen Berglandes drängt das Wasser im Hufeisen fort, zieht die ovale Schlinge und vollendet sie im Westen, gemächlich in der Kurve Richtung Werleshausen, fünfzig Kilometer vor Hannoversch Münden. Am östlichen Rand des Hufeisens taucht Lindewerra in der Flußaue unter, duckt sich in die tiefste Stelle des Eichsfeldes, einhunderteinundvierzig Meter über dem Meeresspiegel.

Wie komme ich von der B 27 hinüber ans andere Werraufer? Auf der Höhe Bad Sooden-Allendorf verpasse ich die erste mögliche Abfahrt. Nirgends ein öffentlicher Hinweis. Stören sich die Hessen am guten Ruf ihrer Nachbarn? Das Auto überholt die nächsten Kilometer. Erst bei Werleshausen führt eine Brücke über die Werra. Zugabe: eine „Strafrunde" auf den steilen Serpentinen um Burg Hanstein. Kein Verirren möglich im penibel aufgestellten Schilderwald der „Deutschen Märchenstraße". Hinterm „Hasenwinkel" sagen sich die Dörfer gute Nacht. Runde zwei führt um den Höheberg. In Wahlhausen kreuzen sich die Wege – rechts abbiegen nach Lindewerra, immer am Fluß entlang.
Die Hauptstraße verliert sich zwischen einstöckigen Häusern. Sackgasse. Lehmgefügte Wände, neues Fachwerk, gepflegte Wege, Gärten und

Höfe. Das Panorama entschädigt für die verfahrene Zeit. Höheberg, Harth und Schürzeberg im dunklen Grün. Die Werra fließt gelassen; ein hoher Kran steht am Ufer. An der zerstörten Sandsteinbrücke wird gebaut.
Fünfzig Meter vom Brückenkopf entfernt, „Am Rasen" Nr. 14, wohnt der Stockmacher Wolfgang Geyer. Die Verspätung nimmt er mir nicht übel: „Sie sind nicht die erste, die auf Abwege geriet." In zwei Wochen sähe es hier anders aus. Dann würde endlich die Werra-Brücke wieder ihren Bogen über den Fluß schlagen, nach vierundfünfzig Jahren. Die Ruine hat den Fluß geteilt, das Land und die Menschen, meint der Stockmacher. Er war noch nicht geboren, als am 8. April 1945 die Waffen-SS im letzten Aufgebot Fliegerbomben zündete und die Brücke zersprengte.
Der verlorenen Zeit nachlaufen? Auf einem dritten Bein vielleicht? Länge zwischen vierundachtzig und achtundachtzig Zentimeter – das richtige Maß für Frauen. Wolfgang Geyer benötigt zwischen siebenundachtzig und zweiundneunzig Zentimeter. Er geht bequem auf drei Beinen, wie die meisten Leute in Lindewerra. Das Bein ist ein Stock mit zwei Enden – Spitze und Griff. „Nein", unterbricht mich Wolfgang Geyer, „zum Griff sagen wir Haken."

Nicht jeder Stock hat eine lange Geschichte. Der Spazierstock meines Großvaters Emil Kirchner macht eine Ausnahme. Ein leichter Stock, mehr zum Abstützen als zum Gehen verwendet. Lässig übers Handgelenk geschlenkert, bei guter Laune, selbstverständlich. Wolfgang Geyer prüft die feine, glatte Maserung und begutachtet die abgenutzte Eisenspitze. „Ein Damenstock aus Eiche, über hundert Jahre alt. Ist gut erhalten, nur wenig verzogen. Hat bestimmt immer in der Ecke gestanden. Hängt der Stock am Haken, gerät er durchs Eigengewicht schnell aus der Form." – Wer will mit so einem Stock noch unterwegs sein? Einen Stock hängt man nicht am Haken auf, sagen die Stockmacher. Wolfgang Geyer deutet auf die sechseckige Metallspitze. „Da hat sich Ihr Großvater eine Sonderanfertigung bestellt. Die Spitze wurde in Schmalkalden gehärtet, Metallwarenfabrik A. G. Thorwarth. Der Stock ist nicht von Hand gearbeitet, ein Leisten aus Brettware, konisch auf der Drehbank gehobelt, danach geschliffen. Kann nur aus unserer Stockfabrik Germania stammen. Die gehörte den Gebrüdern Sippel. Ein Nachfahre arbeitet noch im Ort."

Das Grundstück „Am Rasen" Nr. 14 hat der Geyersche Urgroßvater erworben; immer wieder wurde im Laufe der Jahrzehnte gebaut, so wie sich die Familie vergrößerte. „1990 das letzte Mal, weil mein Sohn, er ist jetzt Neunundzwanzig, in den Betrieb einstieg." – Der Stockmacher bittet mich in den Garten. „Wir sind doch hier im ‚Kirschland', und mein Obst ist nicht zu verachten. Die Kirschen von Lindewerra sind genauso bekannt wie die Stöcke. Nur die Pflücker bleiben aus. Durch die milde Lage blüht und reift bei uns alles ein bißchen früher. Da kann in Heiligenstadt noch Frost sein. Im Herbst verändert sich das Klima, da wird die Luft schwerer durch den Nebel am Fluß."
„Zigarrillos, mein einziges Laster." Wolfgang Geyer steckt sich eine „Biddies" an und zieht den Rauch langsam in die Lunge. Mir fällt auf, wie klein der Nagel seines linken Zeigefingers gewachsen ist. „Als Kind war ich immer in der Werkstatt. Der Schraubstock hat mich interessiert; ich habe den Schwengel gedreht, Schraubstock auf und zu – und dann losgelassen. Der Schwengel fiel auf meinen Finger. Strafe mußte sein."

In der fünften Generation stellen die Geyers Stöcke her. Urgroßvater Conrad Geyer war der erste in der Familie, der auf den Stock kam. 1836 brachte Wilhelm Ludwig Wagner, Stockmacher aus Eddigehausen bei Göttingen, das Handwerk nach Lindewerra. „Es wurde damals allerhand gemunkelt", sagt Wolfgang Geyer. „Angeblich hat Wagner aus der Kirche eine Hostie entwendet, um sein krankes Pferd zu heilen und floh danach überstürzt. Im Kirchenbuch steht, daß er Vaterfreuden entgegensah. Das hat ihn wohl eher zum Weggehen veranlaßt. Lindewerra paßte ihm aus zwei Gründen gut. Das abgeschiedene Dorf lag in Preußen. Hier war er vor hannoverscher Gerichtsbarkeit sicher. Und er konnte seinen Beruf ausüben. Am Höheberg wuchsen Eichen. Sie wurden damals für die Lederindustrie genutzt. Im Mai, wenn der Saft am höchsten stand, wurde ihre Rinde geschält für die Herstellung der Lohe. Aus den Wurzeln der gefällten Bäume trieben Schößlinge. Wagner ließ sie in der saftlosen Zeit, Ende Oktober bis Ende Februar, schlagen, schnitt sie auf Länge, schälte sie und kochte sie im Wasserdampf. Danach richtete er die Rohlinge, bog sie und trocknete sie im Ofen. Zweiunddreißig Arbeitsgänge – und der Wander- oder Spazierstock war fertig. Bis heute hat sich daran kaum etwas verändert."
Es ist kein Gerücht, daß die Lindewerrschen dem Fremden zunächst mißtrauisch über die Schulter schauten, bis sie merkten, daß die

Stockmacherei ihren Familien Auskommen und Zukunft sicherte. 1860 arbeiteten im Dorf schon sechs Stockmacher und acht Gesellen. Um die Jahrhundertwende wurden fast in jedem Haus Stöcke gefertigt. Den Lindewerrschen blieb nichts anderes übrig. Die kleine Landwirtschaft ernährte sie nicht; karger Boden, geringe Fläche, hangiges Gelände. Im Winter wenig Arbeit, dafür im Sommer keinen Feierabend.

Zu jeder Stockmacherei gehören „Backhaus" und „Arbeitsstube". „Backhaus" – das klingt nach Bäckerei. „Der Begriff stammt noch vom alten Backofen", sagt Wolfgang Geyer. „Unser Ofen wurde in den sechziger Jahren abgerissen und eine mit Strom betriebene Trockenkammer errichtet. Sie nimmt in einem Durchgang eintausendachthundert Stöcke auf. Drei Tage bleiben die Stöcke in der Kammer und kühlen aus, damit sie nicht reißen."
In seiner Kindheit mußte Wolfgang Geyer oft sonnabends den Backofen mit Reisigbündeln – den „Wellen" – beschicken. „Die Steine glühten, sahen aus wie mit Asche überzogen. Brot und Kuchen wurden zuerst gebacken, und mit sinkender Temperatur konnten wir die Stöcke in den Ofen schieben. Das Holz zum Heizen schlugen wir selbst im Wald. Der Bauer half uns mit einem Pferdefuhrwerk. Fünf bis sechs Fuhren Holz mußten auf unserem Hof immer vorrätig sein."
1964 begann Wolfgang Geyer seine Lehre. „Ich hatte Interesse an einem technischen Beruf, wollte Elektriker werden. Mein Vater wurde zu dieser Zeit schwer krank. Danach konnte er nicht mehr richtig arbeiten. Ich wurde Geselle, machte meinen Meister. Wir fertigten Wanderstöcke, ab 1945 auch Skistöcke aus Haselnuß, Bambus und Tonking-Rohr mit Lederschlaufe. Als die Produktion der Skistöcke nach Schmalkalden verlagert wurde und neue Materialien – Leichtmetall und Glasfiber – aufkamen, besannen wir uns wieder auf die alte Produktion, stellten vermehrt Wander- und Krankenstöcke her."
In der niedrigen „Backstube" arbeiten gerade zwei Stockmacher. Sie kommen aus dem Dorf. Acht Stunden schwulchen, anbiegen und richten. Rohling für Rohling wird waagerecht in die Vorrichtung mit Rollen gespannt. Ein schnappendes Geräusch und das Ende des Stockes windet sich um die Rolle. Fertig ist der Haken. Damit er sich nicht verzieht, wird er mit Wede, einem starken Strick, gesichert. Anschließend folgt das Richten per Hand. Vier- bis fünfhundert Stöcke stapeln sich am Tag, bereit für die Trockenkammer.

„Erst in den letzten zwanzig, dreißig Jahren ist unsere Arbeit etwas leichter geworden", erklärt Wolfgang Geyer. „Wir stehen die meiste Zeit, deshalb hat jeder von uns irgendwann Probleme mit der Gesundheit. Bandscheibe, Rücken, Beine. Ohne Handarbeit kommt der Stockmacher nicht aus, aber wir haben ein paar technische Hilfsmittel entwickelt. Zuerst den Blanchett-Tisch, dessen Funktion Sie gerade beim Biegen des Hakens beobachtet haben. Beim Böttcher ließen wir Trommeln bauen, darin waschen wir die Rohlinge und schwulchen sie, das heißt sie werden bei einhundert Grad Celsius gedämpft und sind dann weich zum Bearbeiten. Die Idee für diese Anlage haben wir damals beim VEB Solidor in Heiligenstadt abgeschaut. Dort wurden Reißzwecken, Büroklammern und Nadeln in einer Trommel poliert. Warum sollte ein ähnliches Gerät bei uns nicht funktionieren?"

Hugo Geyer, mit achtundsiebzig Jahren der älteste Stockmacher, kann die Hände nicht in den den Schloß legen. Er sitzt in der Arbeitsstube, flammt mit dem Lötkolben die Stöcke, beizt sie und fräst Verzierungen. Äste werden geschliffen, Risse gekittet und die Form für die Spitze gefräst. Je nach Art des Stockes paßt ein gedrechselter Knauf, glatter Horngriff oder Lederschlaufe, dazu Spitze, Zwinge oder Rundkappe. Vom Trocknen bis zum Versand dauert die Fertigung eines Stockes etwa zehn Tage.

Das „Reichs-Reise-Adreß-Buch" von 1915 weist unter Lindewerra achtzehn Stockfabriken aus. Nachfahren von Wilhelm Ludwig Wagner lebten damals nicht mehr. Die Stockmacher heißen Brill III, Bernhard; Brill, Konrad; Brill, Wilhelm; Bühler, Heinrich.; Gastrock, Karl; Gastrock, Louis; Gerstenberg, J.; Gerstenberg I. W.; Geyer, C.; Heepe, Carl; Rode, Carl; Siebert, Wilhelm; Sippel, Johannes; Sippel, Conrad Sohn, Wilhelm; Sippel, Wilhelm (a. Berg); Sippel, P. Sohn, Wilhelm; Söder & Co., Karl; Stockfabrik Germania, Gebr. Sippel. Andere Brills, Sippels, Gastrocks und Gerstenbergs sind Steinmetz, Gastwirt, Kolonialwarenhändler, Tischler und Schuhmacher. Einundzwanzig Stockmacher schlossen sich 1951 der Einkaufs- und Liefergenossenschaft des holzverarbeitenden Handwerks in Heiligenstadt an. Drei Obermeister für die Innung wurden gewählt: Hans-Karl Wagner (1951-1966), Oskar Bühler (1966-1984) und Wolfgang Geyer (1984-1990). Diese Obermeister bildeten Gesellen und Meister aus.

„Der Einbruch kam 1990, als die Genossenschaft zu existieren aufhörte", berichtet Wolfgang Geyer. „Die Handwerkskammer wollte uns den Status der Innung aberkennen, weil nur noch acht Betriebe bestanden. Das haben wir natürlich nicht zugelassen. Schließlich sagt man uns Lindewerrschen seit Ewigkeiten nach, wir seien Sonderlinge, schlitzohrig und schlagfertig. Da steckt noch alter Wagnerscher Humor dahinter. Wer wie wir in ‚Schelmenrode' lebt, muß seinen guten Ruf verteidigen. In schwierigen Situationen hält das ganze Dorf zusammen, alle zweihundertfünfzig Bewohner. Keine Beiträge mehr zahlen, einfach taub und dumm stellen, das hilft. Nach langem Diskutieren fanden wir einen Kompromiß. Jetzt stehen wir in der Handwerksrolle unter Tischler/Spezialisierung Stockmacher und können weiter Lehrlinge und Meister ausbilden. Nur seit 1990 ist diese Tradition unterbrochen. Bei uns herrscht das ungeschriebene Gesetz, daß der Vater sein Wissen auf den Sohn oder Schwiegersohn überträgt. Leider fehlen im Moment in den Stockmacherfamilien die männlichen Nachkommen. Frauen haben das Handwerk nie ausgeübt, die körperliche Belastung können wir ihnen nicht zumuten. Zwei Betriebe könnten überleben, weil ein Generationswechsel möglich ist: Fred Sippel, der Krankenstöcke herstellt, und wir, die Geyers. Die jungen Leute aus anderen Familien suchen sich in der Umgebung einen Job, in Bad Sooden-Allendorf im Kurbetrieb, in Witzenhausen und Eschwege. Vor der Wende sind die meisten Lindewerrschen nach Heiligenstadt zur Arbeit gefahren. Das ist vorbei, denn die großen Betriebe existieren nicht mehr. In Lindewerra sind wir das einzige produzierende Gewerbe im Ort. Es gibt noch einen Frisör, eine Pension, zwei Gaststätten und unser Museum, das wir 1980 eingerichtet haben. 1990 drohte den letzten sieben Familienunternehmen das Ende. Im Alleingang hätte keiner überlebt. Deshalb gründeten wir eine Stockmanufaktur als Offene Handelsgesellschaft, 1992 wurde daraus die GmbH, die bis heute besteht. Ich bin als Geschäftsführer verantwortlich für Verkauf und Einkauf, das läuft ähnlich wie früher in der Genossenschaft."

Lindewerra – einziges Stockmacher-Dorf in der Welt. War das ein guter Bonus? „Natürlich", erwidert der Meister. „Wir lebten abgeschiedener als andere durch die Grenze, aber nicht weltfremd. Vielleicht hat sich deshalb niemand mit uns angelegt. Unsere kleinen Betriebe blieben immer privat. Wir waren Devisenbringer für die DDR, exportierten die

Stöcke in die BRD, nach Österreich, in die Schweiz, nach Frankreich, Irland, England und Dänemark. Das brachte im Jahr mindestens siebenhunderttausend bis achthunderttausend D-Mark. Rentabilität eins. Nur ein, zwei andere Betriebe im Bezirk Erfurt haben diese Valuta-Summe erreicht. Dadurch hatten wir die Möglichkeit, gutes Naturholz in limitierter Menge aus Jugoslawien und Spanien zu bekommen. Zweite Wahl blieb für die Leute im eigenen Land. Was heute zersägt im Abfall landet, wurde noch zurechtgemacht. Fehlte Kastanie, haben wir Esche geschlagen."
Er deutet durchs Werkstattfenster zum Garten hinüber. „Sehen Sie die anderthalb Meter hohe Eßkastanie und daneben den grünen Busch. Beide sind übrig geblieben von Probepflanzungen. Die DDR wollte Devisen sparen. Auf höhere Weisung mußten wir zweitausend Pflanzen setzen. Wir wußten von Anfang an, diese Kastanien wachsen viel zu langsam. Früchte haben sie getragen, bildeten aber viel zu starke und verastete Seitentriebe."

Nur noch selten ist Wolfgang Geyer in der Werkstatt anzutreffen. Mal einen Vormittag auf ein paar Stunden und etwas länger, wenn Not am Mann ist. Da sind sie zu fünft, der alte Vater, der Sohn, der Enkel, die zwei Männer aus dem Dorf und manchmal stundenweise ein paar Leute. „Mir fehlt das Stöckemachen. Ich bin jetzt Kraftfahrer, Lieferant, besuche die Messen bei uns und im Ausland, USA, Frankreich, England. Wir konzentrieren uns auf den Souvenirbedarf und den medizinisch-technischen Bereich. Im Frühjahr packe ich das Auto voll, fünftausend Stöcke, und fahre in den Schwarzwald. Klinkenputzen von einem Dorf zum anderen. Aber das bringt etwas. Am Anfang war das neu für mich. Die Welt kennenlernen. Heute strengt mich das Reisen an. Aber wer sich nicht bewegt, verdient auch nichts."
1990 fuhr er ganz allein nach Kroatien. „Ich wußte nicht, auf was ich mich da eingelassen hatte. Straßen wurden zu Grenzen. Sandsäcke, Maschinengewehre. Als ein KFOR-Panzer aus dem Gebüsch rollte und sich vor mein Auto stellte, dachte ich nur, nichts wie weg. Ich bin ohne Schaden nach Hause gekommen, habe aber keinen einzigen unserer früheren Importeure gefunden. In Spanien hatte ich mehr Glück. Ich lieh mir ein Auto und entdeckte nach tagelanger Suche in den Ausläufern der Pyrenäen riesige Kastanienwälder. Dort standen Wurzeln mit zweihundert, dreihundert Stöcken. Seitdem haben wir keine Not mit

Rohlingen. Sie kommen in Containern, sind auf Länge gesägt, entrindet und sortiert."

Ein Stockmacher steht nicht nur gern auf einem dritten Bein. Er hat Spaß am Holz. Wolfgang Geyer achtet jeden Stock, der sei schließlich ein Baum. Das „Stöckemachen" kann jeder lernen. Unser Handwerk wird nicht aussterben, sagt sich der Meister. Stöcke werden immer gebraucht. Wanderstöcke im Frühjahr, Krankenstöcke das ganze Jahr, Spazierstöcke als Geschenk zum Jahresende. Zweihundert Stöcke, meist aus Kastanie und Eiche, umfaßt das Sortiment. Wie wärs mit einem rustikalen Wanderstock, für Herren, Damen und Kinder, oder darfs ein „Marschierer" sein, eine Naturwurzel aus Haselnuß, in Extraausführung die „Alpenstange", ein „Alter Fritz" mit Metallgriff oder ein Holzstock für Rechts- und Linkshänder, Reisestock und Stützschirm extra? Und Haken passend für jede Hand. Wolfgang Geyer bevorzugt privat einen Spazierstock aus Manilaholz. Der sei leicht, ohne Poren und Jahresringe. Kein Null-Acht-Fünfzehn-Stock oder Billigware aus Hongkong. Im Lager hat er davon Muster liegen. „Alles Mist. Verbogene Haken, verzogenes Holz. Für uns eine Schande."
Bequem muß der Stock sein, am Arm leicht angewinkelt. Wolfgang Geyer dreht die rechte Hand, als schlenkere er das dritte Bein durch die Luft. Die meisten Menschen würde der Stock ans Alter erinnern, an Gebrechlichkeit und Krankheit. In Wirklichkeit sei er ein Helfer, der das Gehen erleichtere. Ein treuer Gefährte. – „Am liebsten ist uns, wenn er nicht lange am Haken hängt und gegen einen neuen ausgetauscht wird, nach unserem Motto: ‚Es ist der Stock, der manchem fehlt'."
Ein paar Busse fahren in der Woche nach Lindewerra. Dann kaufen die Touristen bei Wolfgang Geyer nicht nur Stöcke. „Sie sind verrückt nach Souvenirs und Handwerkskunst aus Thüringen und dem Erzgebirge. Es ist nicht das große Geschäft. Es müßte anders aufgezogen werden, denn der Tourismus könnte uns neue Wege öffnen", überlegt der Meister. „Der Verkehr auf der schmalen Brücke wird bald zum Alltag gehören." Vergessen kann er nicht, wo die Grenze verlief, so nah am Haus. „Ich habe damals schon überlegt, ob ich über den Zaun springe und zu den Verwandten nach Kassel gehe. Aber dann hätte ich meine Eltern wohl nie mehr wiedergesehen. Wirtschaftlich wäre es uns besser gegangen, aber menschlich? Da war es hier einfacher. Einige haben es nach drüben geschafft, andere wurden unter Zwang ausgesiedelt. Nicht

alle, die zurückkamen, sind zufrieden. Wer im Westen war, erhielt Lastenausgleich und konnte nach 1990 Ansprüche auf Haus und Grundstück geltend machen. Andere verloren alles, ihre Häuser wurden abgerissen, weil sie leer standen und Verstecke zur Flucht nach drüben boten."

Wolfgang Geyer weiß, es wird dauern, bis sich die Wunden schließen, in einem Dorf, das sich niemals aufgegeben hat. Mit Stock oder ohne, die Zeit läuft anders in Lindewerra.

Wo liegt Lindewerra? An der Werra. Wie kommt man nach Lindewerra? Flußwärts. Im hessischen Oberrieden rechts abbiegen, quer durchs „Hufeisen" und weiter über die neue Werra-Brücke. Der Weg ist leicht zu finden ...

Eine schwere Fuhre – Rohlinge – Wassertriebe der Edelkastanie – für die Stockfertigung.

Stöcke aller Art, für Damen, Herren und Kinder ...

Am Blanchett-Tisch: Dem Stock wird der Haken gebogen.

Der Haken darf sich nicht verziehen und wird mit Wede festgebunden.

Wolfgang Geyer richtet den neuen, noch weichen Stock.

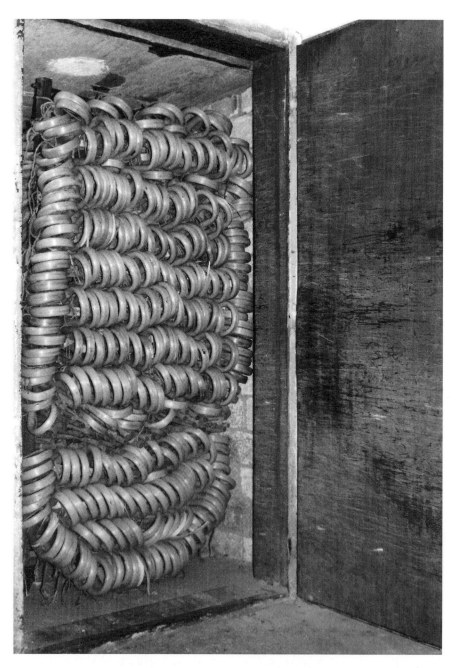

Bis an die Decke der Trockenkammer stapeln sich die Rohlinge.

Hugo Geyer, der älteste, noch tätige Stockmacher von Lindewerra, beim Flammen.

Die Form für die Stockspitze wird gefräst.

„Es ist der Stock, der manchem fehlt."

Ein Stockschild aus Lindewerra für den Spazierstock aus Lindewerra.

Hans Karl prüft das original gelockte Feenhaar.

Feenhaar, original gelockt

Gisela Karl, Jahrgang 1951,
Glasspinnerei Rauschardt, Lauscha

*Glasspinnerei, Herstellung geschmeidiger Fäden aus Glas. Von einem erweichten Glasstabe werden diese wie Seide aufgehaspelt u. zu Gespinsten und Geweben (Glasgespinst, Glasseide, Glaswolle, unentzündlich) verarbeitet.
Kürschners Universal=Konversations=Lexikon,
Berlin und Leipzig 1912*

Lauscha, Straße des Friedens Nr. 35. Vor dem mehrstöckigen Schieferhaus wartet ein Kleintransporter. Der Fahrer stapelt Kartons auf die Ladefläche. Die leichten Behälter, mit originalem Feenhaar, reisen bis nach Amerika, und Baumschmuck für Weihnachten, der geht wohl nach Franken. Die Lauschner feiern ihre Feste, die Kerwa mit Pfokuchn, das Mondstürerfest, Ostern und Fasching, Advent und Heiligabend, obwohl bei ihnen jeden Tag Weihnachten ist, seit sie die gläserne Christbaumkugel erfunden haben. Schlachtfeste sind selten geworden, doch selbstgemachter Beerenwein ist noch nicht aus der Mode gekommen. Auf süße Sachen hat der Fahrer keinen Appetit, ein Stück frisch geräucherte Knackworscht wär ihm lieber und noch viel lieber ein kühler Schluck, denn dem Mann rinnt der Schweiß übers Rückgrat. Zu heiß ist dieser August. Und er muß anpacken bei den größeren Kartons. Polierbürsten für die Porzellanmanufakturen in Kahla und Meißen. Der Fahrer hält gern bei den Karls, die fispern nicht rum. Einfache, freundliche Leute, die spinnen ihr Glas übers ganze Jahr ...
Das blaugraue Schieferhaus hat zur Straße keine Tür. Eine schmale Steintreppe führt nach oben und mündet in den kleinen Hof. Links die Tür zum Wohnhaus, daneben der einstöckige Anbau mit der Werkstatt. Gisela Karl eilt schwitzend die Treppe hinab und wieder hinauf. Ihr Mann kann nicht helfen, in der Werkstatt rotiert langsam die Trommel der Spinnmaschine, und er muß den Faden ziehen. Kein Gedanke an eine Zigarette, dazu ist mittags nach dem Essen Zeit genug. Endlich ist

die Ware im Auto verstaut. In der Werkstatt geht es eng zu, die nächste Bestellung rückt nach, Feenhaar original gelockt in Beuteln zu je fünfzehn Gramm, für Abnehmer in Frankreich und Schweden. Gisela Karl muß heute noch weitere Beutel füllen, Rechnungen schreiben und Sendungen für den Postweg verpacken ...
Sie streicht sich über die feuchte Stirn. Eine Hitze ist das heute, mindestens achtundzwanzig Grad. Kein Lüftchen kommt vom Wald. Die Mutter hat die Fenster zur Küche geöffnet. Es duftet nach Mahlknölla und Meerettich. Nicht mehr so gut auf den Beinen ist die Achtzigjährige, aber sie nimmt an allem regen Anteil. Die Tür zur Werkstatt ist weit offen. Drinnen stockt die Hitze, Herr Karl hat schon längst das Oberhemd ausgezogen. Seine Frau schaut schnell noch mal zur „Solarzelle". Eine ganz persönliche Erfindung, die kostet nichts und funktioniert völlig störungsfrei – wenn die Sonne scheint und der Wind überm „Köpplein" abdreht. Neben Blumenrabatten trocknen auf einem Metallblech sorgfältig gereiht etwa fünf Zentimeter lange weiße Pinsel mit hauchdünnen Borsten. „Feines, weiches Glas", sagt Gisela Karl. Sie nimmt ein Bündelchen zwischen die Finger und schüttelt vorsichtig. „Das Glas trocknet. Deshalb stäubt's weißes Pulver auf meine Hand. Und wenn's gleich auf der Haut kribbelt, dann ist das nicht gefährlich. Ich muß mir oft am Tag die Hände waschen."
Gisela Karl geht hinüber zur Werkstatt, steigt ins obere Stockwerk. „Mein Reich." In den Hof kann sie schauen, wenn sie sich über den Arbeitstisch lehnt. Jetzt sperrt sie gleich die Fensterflügel auf. Ist doch zu drückend. Wenn die Glasfasern getrocknet sind, holt sie das Blech herauf, ordnet die Bündelchen auf einer Drehscheibe und verklebt jedes an den Enden mit heißem Knochenleim. Sechs Schichten liegen übereinander, wechseln mit einem Pappring, der sich in der Mitte befindet. Bereits mit der ersten Schicht nimmt die zukünftige Polierbürste Gestalt an. „Diese Bürsten sind unser zweites Standbein", sagt Gisela Karl. „Sie werden in der Porzellanindustrie für das Polieren der Goldauflage benötigt. Jede einzelne Bürste muß dreihundertzwanzig Gramm wiegen. Das Gewicht rechnet mein Mann vorm Glasspinnen genau aus. Ich hab' schon als Heimarbeiterin für den VEB Glaskunst solche Bürsten hergestellt. Damals lieferten wir mindestens achthundert Bürsten im Monat nach Meißen, Blankenhain und Kahla. Heute sind es vielleicht fünfhundert, manchmal auch dreihundert Stück." Nach dem Kleben werden die Bürsten mit Holzgewichten beschwert und mit

Zwingen in einer Presse verschraubt, für eine Nacht. Dann liegen sie noch eine Woche, bis sie vollkommen getrocknet sind.

Gisela Karl ist eine echte Lauschnerin, nicht „hargalaffn", wie die Einheimischen zu Fremden sagen. Ihre Vorfahren stammen aus Hohenofen, südöstlich von Lauscha. Ein paar Häuser am Limbächlein, zwischen Hasenthal und dem nahen Haselbach, mitten im Thüringer Schiefergebirge, am Fuße des Rennsteigs. Sehr abgeschieden und von hohen Bergen umgeben. Nur ein paar Kilometer weiter südöstlich, nach Sonneberg zu, verlief die alte Heer- und Handelsstraße Nürnberg-Leipzig. Die Hohenofener waren Waldarbeiter und Köhler. Sie gingen in den Eisenbergbau, wurden Griffelmacher oder arbeiteten in den Glashütten der Umgebung. Die Urgroßeltern Emma und Karl Köhler-Terz gehörten zu denen, die sich im nahen Lauscha eine bessere Zukunft versprachen. Als sie sich 1874 dort niederließen, war Lauscha schon berühmt für seine Glasindustrie. In Heimarbeit stellten die meisten der ansässigen Familien Christbaumschmuck her, künstliche Augen, Perlen und Knöpfe, Spielwaren aus Glas und Glasgespinste.

Friedrich Guido Greiner, genannt Adams Guido, spann um 1850 als erster in Lauscha Glas. Es dauerte nicht lange, bis sich andere Familien die gleichen Fertigkeiten aneigneten. „Mein Urgroßvater ist bestimmt schnell heimisch geworden", vermutet Gisela Karl. „Er war ja einer aus dem Wald, mit einem richtigen Lauschner Namen. Den hat er geerbt und der stand in seinen Papieren. So einen Namen kriegt man nicht los, dafür ist Lauscha bekannt. Wer hier geboren wird, trägt den Namen seiner Familie und einen Spitznamen dazu, oder bekommt sie durch Heirat. Behält beide bis ans Lebensende."

Greiner und Müller hießen die beiden Glasmeister, die 1597 im Marktiegel an der Harborn die erste Hüttstätte betrieben. Sie holten vor allem Familien, die mit Kindern reich gesegnet waren, in das Tal und gründeten Lauscha. Zweihundert Jahre später hießen im Ort schon einhundertzwanzig Familien Müller, über einhundertsechzig trugen den Namen Greiner, und mit dem Namen Köhler existierten fünfzig Familien. Wegen der Verwechslungen wurde allen noch ein dritter Name angehängt, damit man die Lauschner auseinanderhalten konnte. Der Spitzname bezog sich auf Fehler und Schwächen, merkwürdige Vorkommnisse oder einen anderen Dialekt.

„Ein Verwandter aus Hohenofen hat bei uns diesen dritten Namen ‚verzapft'", erzählt Gisela Karl schmunzelnd. „Das war der ‚Luft- und Windmacher' Johannes Christian Martin Köhler. Köhler stellte Blasebälge und künstliche Weihnachtsbäume her. Er starb 1899 siebzigjährig in Lauscha. Er hat viele Jahre in der Musikkapelle gespielt. Beim falschen Ton hat er dazwischen gerufen: ‚Ho, dos is doch a Terz.' Alle haben gelacht. Seither wurde er die ‚alt' Terz' gerufen. Daraus wurde Köhler-Terz und dabei ist es geblieben."

Karl Köhler-Terz fand mit seiner Familie Wohnung und Werkstatt auf dem Alten Weg. Damals wurde dort in jedem zweiten Haus Glas für die Spielzeugmacher gesponnen. Die Männer übernahmen diese Arbeit, während die Frauen mit ruhiger Hand die Glasfäden fächerten, klebten und kleinen Vögeln aus Hohlglas ansteckten. Die Vögel wurden versilbert und bunt bemalt. Ein begehrter Christbaumschmuck.

Im niedrigen Holzhaus auf dem Alten Weg hat Gisela Karl nur die ersten drei Jahre ihres Lebens verbracht. Dann zogen die Eltern hinunter an die Hauptstraße, nicht weit entfernt von der großen Farbglashütte. Ihren Großvater Max Köhler-Terz hat sie nicht mehr kennenlernen können. Er war von Beruf Dachdecker und stieg im Sommer den Lauschnern aufs Dach. Im Winter spann er Glas. Seine Frau Ida besorgte die Geschäfte. 1928 verunglückte Max bei einem Autounfall tödlich und Ida stand mit sechs Kindern alleine da.

„Meine Mutter Nelly war gerade neun Jahre alt. Die Großmutter übernahm nun die Rolle des Familienoberhauptes. Es blieb ihr ja nichts anderes übrig. Bei uns haben die Frauen ihr Schicksal immer angenommen. Sie mußten stark sein, stärker als die Männer. Ob sie alt waren oder jung, die Frauen haben Glas gesponnen, Tieren aus Hohlglas, den Singvögeln und Pfauen, die Schwänze aufgesteckt, auch etwas Feenhaar produziert und Weihnachtsengel aus Wachs mit Glasflügeln verschönt."

Die Familie lieferte die Spinnereiartikel nach Sonneberg, für die Firmen Woolworth, Fleischmann und Craemer, und nach Leipzig, zu Kühle und Siebert. Besonders schwer war es zu Kriegszeiten, hat Gisela Karl von ihrer Mutter erfahren. Da wurde vor Hunger das letzte Glas getauscht, und wer etwas Kleinvieh hielt, der hatte es besser. Ab 1939 lag die Glasverarbeitung am Boden, bis 1945. Danach ging es aufwärts. Viele Männer waren im Krieg geblieben. Werner Rauschardt kam nach 1945 unversehrt nach Hause. Von Beruf war er Tieraugenmacher, mit Meisterbrief. Er heiratete Nelly Köhler-Terz, und sie nahm ihn gleich mit in die Werkstatt. „Das muß so um 1949, 1950 gewesen sein", sagt

Gisela Karl. „Mein Vater mochte die alten Maschinen des Großvaters sehr. Damals war das Glasspinnen noch etwas schwieriger, weil sechs einzelne Maschinen bedient werden mußten. Die stehen heute nicht mehr in der Werkstatt. Mein Vater hat in den sechziger Jahren eine Maschine bauen lassen, die effektiver arbeitet und die wir heute noch bedienen. Sie besteht aus einer Anlage für die Glasstäbe und einer Trommel. Keine komplizierte Anlage."
Wie Glas gesponnen wird? Für die Antwort auf diese Frage sei eigentlich ihr Mann zuständig, denn sie kümmere sich um die Polierbürsten, den Christbaumschmuck, die Vogel- und Pfauenschwänze, die Schmetterlingsflügel und ums fertige Feenhaar. Die Spinnmaschine hat sie noch nie bedient. Nur im Notfall würde sie einen Versuch wagen. Bisher sei das nicht nötig gewesen. „Mein Mann kommt von der Maschine nicht weg, und wegen einer Grippe legt der sich nicht ins Bett." Und den wolle sie jetzt doch nicht stören, in der Hitze und wegen der vielen Arbeit. – Mit dem Glasspinnen sei das so, versucht sie eine Erklärung: „Ein weicher und ein harter Glasstab werden paarweise, bis zu zehn Stück, in einer Halterung befestigt. Eine einfache Spindelvorrichtung drückt die Stäbe gleichmäßig bis an die gasbetriebenen Brennerflammen. Dort schmelzen die Stäbe bei eintausendzweihundert Grad. Mein Mann kontrolliert den Vorgang ständig. Mit einem festen Glasstab zieht er aus der Schmelze einen kaum sichtbaren Faden, der ist etwa achttausendstel Millimeter stark. Diesen Faden wirft er mit der linken Hand auf die nebenan rotierende Holztrommel, dann kommt der nächste Faden, das geht so, mehrere hundert Mal am Tag. Die Fäden spulen auf und kühlen dabei ab. Mein Mann wirft den Faden so geschickt, das sieht so aus, als würde er zaubern. Ich könnte das nie."
Gisela Karl ist mit Glas aufgewachsen und hat früh in der Familie mitgeholfen. Sie hat sich nichts draus gemacht, wenn in der Schule über den Beruf gelacht wurde. Wer Glas spinnt, hat sie sich gesagt, der ist doch nicht im Kopf spinnert.
„Einen Beruf, der direkt mit Glas zu tun hat, hab' ich nicht gelernt. Ich hab' im VEB Farbglaswerk im Lohnbüro als Wirtschaftskaufmann gearbeitet. Diese Ausbildung kommt mir heute zugute für unsere Abrechnungen, Bestellungen, eben die ganze Büroarbeit." Nebenbei hat sie immer in der Werkstatt zugepackt, mit dem Pinsel Farbe auf die gesteiften Pfauenschwänze getupft und mit Glimmer verziert oder Weihnachtsschmuck geklebt.

Zum Beweis wird oben in der Werkstatt Omas Kommode geöffnet. Eine richtige Schatzkiste. Gisela Karl holt aus der Schublade ein Bündel buntes Papier. Bilderbögen mit Weihnachtsmann-Gesichtern, Engels- und Märchenfiguren, aus der Zeit um 1900. Tauschbilder hätten sie früher in Lauscha dazu gesagt, die wurden ins „Poesiealbum" geklebt, zu den klugen Sprüchen, die sich die Mädchen gegenseitig reimten. Diese Bildchen wurden schon immer für den nostalgischen Baumschmuck verwendet. Heute kann Gisela Karl jeden Tag die Kommode öffnen, so groß ist die Nachfrage. „Ich klebe die Glasfasern in einer Schicht zu einer dünnen Scheibe, die sieht wie ein Rad aus. In die Mitte kommt das lächelnde Weihnachtsmann-Gesicht, drumherum vier goldene Sterne. Noch ein Faden dazu und man kann den Schmuck aufhängen. Die Spitze vom Weihnachtsbaum läßt sich genauso schmücken." Sie kann die Papierfiguren teilen, den Körper mit länglich geklebten Fäden gestalten. Dann würden Hänsel und Gretel, das Schneewittchen und der Gestiefelte Kater eine wirklich gute Figur abgeben.
„Wir sind keine Handwerker, das sind die Glasbläser", sagt Gisela Karl. „Wir betreiben eine Manufaktur. Aber Handarbeit ist bei uns das A und O." Sie bedauert, daß es außer ihrem kleinen Betrieb keine andere Glasspinnerei mehr im Thüringer Schiefergebirge gibt. Nach 1945 war die Situation auch für die letzten Glasspinner in Lauscha bedrückend. Kein Material, kein Absatz. In den fünfziger Jahren waren noch zehn, zwölf Gewerke aktiv. Ende der achtziger Jahre existierten noch drei, die Rauschardts, Rudi Völscher und Heinz Greiner-Langer. Völscher und Greiner-Langer gaben das Gewerke nicht auf, sie stellten andere Glaswaren her, Polierbürsten oder Christbaumschmuck. Das original gelockte Feenhaar, für das die Lauschaer Spinner so berühmt waren, konnte nicht mehr produziert werden.
„Es gab schon Feenhaar, aber es war nicht gelockt", sagt Gisela Karl. „Wir verwenden, das habe ich schon erzählt, weiches und hartes Glas für die Herstellung des Feenhaars. Dazu benötigt man Borax, mit Borax können die harten Glasstäbe gezogen werden. Borax war in der DDR Mangelware und mußte im Westen für Devisen gekauft werden. Die hatte der Staat dann für uns nicht mehr. Meine Tante aus Bremen hat Borax im Paket nach Neustadt bei Coburg geschickt. Mein Vater holte es dort ab. Dieser Transport über die grüne Grenze wurde aber immer gefährlicher. Deshalb hat mein Vater sich ab 1957 für gebrannte Locken ‚made in DDR' entschieden. Die fanden auch ihren Absatz,

wurden von westdeutschen Firmen auf der Leipziger Messe bestellt." Welches Geheimnis umgibt das original gelockte Feenhaar? „Es lockt sich", sagt Gisela Karl kurz und bündig. „Ein ganz einfacher Trick steckt dahinter, den verrate ich aber nicht. Eine große Spinnerei würde sich eine Maschine wie unsere erst gar nicht aufstellen. Viel zu unrentabel. Dort laufen automatische Maschinen, die Glasstränge legen sich selbst auf und werden im Ofen gebrannt. Das auf diese Weise produzierte Feenhaar, das wird in Tonnen gerechnet, lockt sich nicht, es wellt sich. Ich kann ja noch verraten, daß mein Mann die Fäden für Polierbürsten und Vogelschwänze auf der Trommel durchtrennt und dann mit einer kleinen mechanischen Schere auf Länge schneidet."

Das original gelockte Feenhaar stellen die Karls seit dem 1. Oktober 1991 her. Gisela Karl wird dieses Datum nicht vergessen. Ihr Vater hat gesagt, macht das Feenhaar wieder, wenn gar nichts geht. „Er hat uns den Weg gewiesen für eine neue Zukunft. Hans und ich waren in der Kurzarbeit, meine Eltern schon lange in der Rente. Wir mußten uns entscheiden. Und wir wollten die Glasspinnerei als Tradition erhalten. Unser Name war noch bekannt von früher. Ehemalige Lauschner, die in den alten Bundesländern leben, empfahlen uns an Großabnehmer. So sind wir zu unseren Kunden gekommen. Die sind zufrieden mit uns, sonst würden sie nicht bestellen. Unser größter Kunde ist Riffelmacher & Weinberger aus Roth bei Nürnberg."

Auch den Moment, als ihr Mann das gelockte Feenhaar zum ersten Mal auf seine Arme packte, vergißt sie nicht. „Das war schon ein Ereignis." Um die Zukunft macht sie sich keine Sorgen. „Wir schaffen alles mit den Händen", sagt sie, wieder ganz direkt und ohne Kommentar. Ihr Lieblingswort lautet: Wenn du denkst, es geht nicht mehr, kommt irgendwo ein Lichtlein her.

Glas ist für die Karls Lebenselixier und eine Währung. „In der DDR konnte man dafür allerhand organisieren. Batterien für den ‚Trabi' zum Beispiel. Seid ihr aus Lauscha, bringt's was mit und ihr kriegt was. Schwenker, Vasen, Glastiere waren sehr begehrt. Davon hat unsere Familie auch profitiert. Heute ist unsere Währung wieder das Glas, mit anderer Bedeutung. Wir stehen viel mehr unter Druck als früher, die Konkurrenz schläft nicht, es zählt nur das fertige Produkt und die Qualität."

1994 hat die jüngste Tochter in Lauscha an der neuen Berufsfachschule das Glasblasen gelernt und versorgt heute die Mutter mit Pfauen und

Schmetterlingen. „Sie wird unsere Spinnerei einmal übernehmen. Das ist geregelt. Flinke Finger braucht sie, Geduld und Konzentration. Wir geben ihr Ratschläge, die kommen noch von den Urgroßeltern. Und mein Mann, der weiß auch so viel übers Glas. Er hat zuerst in der Spinnerei in Steinach gearbeitet, Glasmatten und Dämm-Material produziert und Röhren für die Glasbläser gezogen."

Manchmal fühlt sich die kleine Manufaktur überfordert. „Die Amerikaner sind ganz verrückt auf unser Feenhaar. Sie nennen es Angels Hair. Woolworth hat uns schon Aufträge geschickt fürs Feenhar, die konnten wir einfach nicht schaffen. Zwanzigtausend, dreißigtausend oder vierzigtausend Beutel zu je fünfzehn Gramm, dafür allein müßten wir täglich zehn Stunden arbeiten. Das Feenhaar ist zwar unser erstes Standbein, aber wir haben auch noch andere Kunden. Und ich muß bei allen aufpassen, daß pünktlich unsere Ware bezahlt wird."

Das original gelockte Feenhaar würde Gisela Karl auf den ersten Blick erkennen. „Weihnachten einmal in New York, könnte ich mir schon vorstellen", sagt sie zögernd und überlegt. „Schaufenster angucken, natürlich bei Woolworth und anderen Kaufhäusern. Sind dort meterlange Lockenschnüre in der Dekoration, weiß ich sofort, ob das unser Feenhaar ist."

In die USA reisen, das bleibt ein Traum, es reicht nur für ein paar Tage Urlaub im Jahr. In ihrer Freizeit geht Gisela Karl gern mal auf einen „Schnorps", ein Kartenspiel. „Da guck' ich zu. Da sind auch Frauen, und es gibt Spaß", sagt sie und wirft einen Blick auf die Kochplatte mit dem Leimtopf. Nein, das Gerät ist noch ausgeschaltet. Schere, Pinsel, alles ordentlich.

„Fürs Fest kaufen wir eine Gans, dazu kochen wir Knölla, unsere Klöße, es gibt Karpfen und Linsen. Am ersten oder zweiten Weihnachtsfeiertag kommt die Familie zusammen. Als die Töchter aus dem Haus sind, haben wir keinen Baum mehr geschmückt. Jetzt, für die Enkel stellen wir wieder einen auf. Keinen aus dem Wald, sondern einen künstlichen. An dem hätte auch der ‚alt Terz' Freude gehabt, der kannte sich ja mit künstlichen Weihnachtsbäumen aus und hat gut mit ihnen gehandelt. Bleibt wieder alles in der Familie, nur daß unser Baum nicht so alt ist. Den schmücken wir natürlich mit unserem Feenhaar." Weihnachten bleiben die Karls nicht in der warmen Stube hocken, nach einem starken Kaffee und einer selbstgedrehten Zigarette geht's die Eller rauf, zum Teufelsholz, vielleicht auch übers Köpplein zur Igels-

kuppe oder zur Marktiegelschanze. Nur mit dem Schnee ist es nicht mehr so wie vor zehn oder zwanzig Jahren.
Die meisten Kunden rufen an oder schicken schriftliche Aufträge. Einige besuchen regelmäßig die Werkstatt. Sie lassen ihr Auto drüben auf dem Parkplatz an der Farbglashütte stehen oder laufen vom Hüttenplatz herauf. Gut kann sich Gisela Karl an die Händler aus New Jersey erinnern. „Die mögen unsere Räder aus gesponnenem Glas für den Weihnachtsbaum. Sie kleben aber ihre eigenen Bilder auf. Das war ganz schön aufregend mit den Amerikanern, ich konnte nur ein bißchen englisch. Verstanden haben wir uns trotzdem."
Feen und Engel sind in der Glasspinnerei herzlich willkommen. „Bisher waren noch keine da", sagt Gisela Karl. „Ich würd' sie erkennen, an ihren Gewändern, ihren Flügeln und ihrer Sprache. Selbstverständlich bekommen sie gratis eine Probe vom originalen Feenhaar. Damit können sie sich schmücken, muß ja nicht an einem heiligen Tag sein." Eine Vorbestellung von diesen Kunden – ein himmlisches Vergnügen, „die nehm' ich sogar mündlich entgegen."

Bevor Glas gesponnen wird, befestigt Hans Karl weiche und harte Glasstäbe in der selbstgebauten Vorrichtung.

Die Stäbe schmelzen und die Fäden „laufen" ...

Mit der linken Hand zieht der Glasspinner die Fäden aus der Brennerflamme.

Ebenfalls Marke Eigenbau – die rotierende Holztrommel mit aufgewickelten Glasfäden.

Auf Länge geschnitten: Glasfäden für Polierbürsten, Christbaumschmuck, Vogel- und Pfauenschwänze.

Gisela Karl in ihrer Werkstatt. Auf der Drehscheibe wird der Pappring für eine Polierbürste geklebt.

Schicht auf Schicht nimmt die Polierbürste für die Porzellanindustrie Gestalt an.

Ausdauer, Konzentration und flinke Finger – Gisela Karl weiß genau, worauf es in ihrer Arbeit ankommt.

Deutlich zu erkennen: Glasfäden, achttausendstel Millimeter stark.

Dem Pfau aus Massivglas hat Gisela Karl ein buntes Rad aus gesteiften Glasfäden aufgesteckt.

Glasfasern und nostalgische Klebebilder aus Omas Kommode – fertig ist der Christbaumschmuck.

Der Borstpinselmacher-Meister Walter Nitsche.

"Geschenkte" Borsten

Walter Nitsche, Borstpinselmacher, Jahrgang 1941, Reinsdorf bei Greiz

Reinsdorf, im März. Vom Panoramafenster seines Wohnzimmers im ersten Stock sieht Walter Nitsche jeden Tag je nach Wetterlage die Brücke im Göltzschtal kommen und gehen. Heute verschwinden die Bögen aus Ziegelstein im dichten Nebel. Es schneit. Der Winter gibt sich nicht geschlagen und krajolt über die mit Häusern bestückte Hochfläche. Walter Nitsche starrt in den Dunst, als würde er auf der anderen Seite des Tales die nach oben drängenden Häuser von Netzschkau genau erkennen können. „An dieser Landschaft darf der Mensch nichts mehr verändern", sagt er und rückt am Brillenbügel. Schneeschippen entfällt heute. Was vom Himmel kommt, schmilzt gleich weg. Kein Wetter für beschauliche Blicke. Walter Nitsche läßt sich nicht gern von seiner Arbeit ablenken.
Wer sagt da, meint er, ein Pinsel besteht aus Haaren oder Borsten und einem Stiel? Halt, halt, viel zu simpel. Wenn ich fragen würde, von welchem Tier die schwarzen, hellen oder grauen China-Borsten stammen, würden Sie es wissen? Der Borstpinselmacher findet einfache Worte für die Geschichte seines Handwerks: „Früher haben sich die Menschen, vor allem auf dem Lande, selbst beholfen und stellten für sich einfachste Waren, Gebrauchsgegenstände und Werkzeuge her. Wenn sie ihre Lehmhäuser neu kalkten, verwendeten sie Wedel aus Straußengras, das auf der Wiese gesichelt wurde, und kehrten mit selbst gebundenen Strohbesen. Aus diesem Alltag hat sich alles entwickelt."
Für den Weg in die Werkstatt benötigt Walter Nitsche nur ein paar Schritte. Er verläßt die Wohnung, geht über den Korridor und kann gleich im Laden nachschauen, ob genügend Tapezierer im Regal liegen, wenn der erste Kunde kommt. Frau Nitsche hat die Ladentür zweimal verschlossen. Herr Nitsche bewundert die Sorgfalt seiner Frau, öffnet ungeduldig und schließt nur einmal. Er tritt nach draußen. Der Schnee flust. Einmal um die Ecke, die schräge Hofeinfahrt hinunter, dann noch einmal um die Ecke. Parterre, von der Straßenseite nicht zu

sehen, befindet sich die Werkstatt. Es klopft, tackt, dröhnt und brummt. Die ganze Familie ist beschäftigt, die Ehefrau, die Tochter, der Sohn, die ältere Schwester ... Für Katzen besteht bei Nitsches freies Geleit. Die einjährige „Sissy", graugefleckt und -getigert, verschwindet hinter Bürstenhölzern.

„Ich habe jetzt sechs Beschäftigte. Aushilfskräfte arbeiten bei mir saisonbedingt für sechshundertdreißig D-Mark, wenn sehr viel los ist. Einer schneidet maschinell die Pinselköpfe, ein anderer prägt die Stiele. Bei uns läuft alles von Hand. Spezialarbeit. Künstlerpinsel – Plakatschreiber, Aquarellpinsel, Schablonierpinsel, Strichzieher – sind gefragt, aber erst seit der Wende. Für Restaurateure stellen wir Zacken- und Flachpinsel her, Kuchenpinsel für die Bäcker, die Maler können bei uns Abstauber bestellen, mit denen sie Wände und Fensterstöcke vorm Tapezieren und Streichen reinigen. Spezialwerkzeuge sind die begehrten Birkenmodler und Dachsvertreiber zum Imitieren oder zum Vertreiben von Holzmaserungen."

Seit Februar 1998 wohnt der Greizer Walter Nitsche an der Salzmest. Er hat die Stadt gern mit dem Leben auf dem Lande getauscht. Nur ein paar Kilometer vom neuen Anwesen entfernt, weiter nördlich verlief seit dem Mittelalter die Plauensche Straße, die aus dem Böhmischen ins Thüringische führte, über Klingenthal und Reichenbach nach Greiz, gekreuzt von der Zwangsstraße Bamberg-Reichenberg-Altenburg. Die Greizer Reußen benutzten andere Wege zur „Salzmest". Bis in die erste Hälfte des 19. Jahrhunderts besaßen sie das Monopol auf die schweren Salzblöcke, die in Altensalz bei Plauen gebrochen, auf der Göltzsch durchs Tal geflößt und von Reinsdorfer Fröhnern mit Ochsengespannen auf steilen Wegen herauf transportiert wurden.

Der alte Umschlagplatz für das Greizer Land ist nur noch Erinnerung. Neuen Handel an der Salzmest belebt der Pinselmacher Walter Nitsche. An der Stelle, wo 1989 das Dorf seine Kaufhalle baute, gründete er seinen Handwerksbetrieb für Spezialpinsel, erwarb 1997 Gebäude und Grundstück, baute aus und um. Werkstatträume, Büro, Laden und Wohnung. Wie frisch aufgemalt wirkt an der hellen Hauswand die auffällige Schrift. Geschwungene, kursiv geneigte Buchstaben: „Pinsel-Nitsche". Dazu als Logo die bildliche Darstellung: eine Malerbürste, ein Ringpinsel, ein Aquarellpinsel und ein Schrägstrichzieher. „Symbolischer Hinweis auf mein Sortiment", bestätigt Walter Nitsche. „Das versteht jeder und merkt es sich leicht."

Pinsel: Werkzeug zum Auftragen von Farben, Lack, Firnis, Leim, Kleister und dgl. Die kleinsten Pinsel (Haar- oder Malerpinsel) werden aus Menschen-, Biber-, Fischotter-, Zobel-, Fuchs-, Dachs-, Marder-, Eichhörnchenhaaren gefertigt. Zobelhaare dienen besonders zu den ganz feinen Miniaturpinseln, mit denen man auf Pergament und Elfenbein malt. Die größern Maler-, Lackierer- und Vergolderpinsel sind von Dachshaaren, daher Dachspinsel. Dann folgen die Borstenpinsel, von Schweineborsten gefertigt... Zur Anfertigung der runden Pinsel werden die sortierten Haare in abgemessenen Portionen in einen kleinen konischen Becher gesteckt, durch Aufklopfen des letztern in die Pinselform gebracht, an den Wurzelenden mit einem Faden umwickelt, abgeschnitten und in der Hülse (Federpose, Blechrohr usw.) befestigt.
Meyers Großes Konversations=Lexikon, Leipzig und Wien 1906.

„Du mußt einen Handwerksberuf lernen", ermahnte Frau Nitsche vor fast fünfundvierzig Jahren ihren Sohn. „Ich bin in den Sudeten geboren, in Wistritz, und in Dubi (Eichwald) aufgewachsen, das ist in der Nähe vom heutigen Grenzübergang Zinnwald. Kann mich nicht erinnern, daß es dort Bürsten- und Pinselmacher gab. Meine Kindheit war viel zu kurz. Wir mußten wie die meisten Sudetendeutschen nach Kriegsende die Heimat verlassen. Mit meiner Mutter und meiner Schwester bin ich 1947 in Greiz gelandet. Der Vater war noch in der Kriegsgefangenschaft und kam nach. Meine Mutter kannte den Bürstenmacher Gottfried Claus und war froh, daß der mich aufnahm in dieser schlechten Zeit. Lehrstellen waren rar und viele junge Leute suchten eine Arbeit. 1955 habe ich die Lehre begonnen, 1959 Gesellenprüfung. Meister Claus hatte damals vier oder fünf Beschäftigte, er war schon über siebzig Jahre alt. Die wenigen Handwerker waren gezwungen, sich in der Genossenschaft zusammenzuschließen. Sie gaben der PGH den Namen ‚Weiße Elster', nach dem Fluß der Stadt. Der Betrieb befand sich in der Greizer Bahnhofstraße und hat sich ganz gut entwickelt. Meister Claus arbeitete dort noch ein, zwei Jahre mit, bis er verstarb. Sehr alt geworden ist auch der blinde Bürstenmacher Curt Moths aus dem Engen Gäßchen. Der hat noch in der Prüfungskommission gesessen, als ich 1967 meinen Meister machte. Nach meiner Zeit bei Claus begann ich auch in der PGH, stieg auf zum Produktionsleiter. 1963 wurde aus der PGH ein VEB Pinselwerkstätten mit zwanzig Beschäftigten, später Betriebsteil 6 des VEB Bürstenwerke Schönheide. Wir fertigten jährlich zweieinhalb Millionen Erzeugnisse. 1989/90 wurde der Betriebsteil geschlossen."

Walter Nitsche lernte bei Meister Claus zuerst Pinselmacher, dann Bürstenmacher. Damit stand der junge Mann in einer alten Tradition, denn in den Anfängen des Handwerks fertigte der Bürstenmacher auch Pinsel. Wer bei Meister Claus lernte, erfuhr alles über die uralten Geheimnisse der Bürsten und Pinsel. Fingerfertigkeit, handwerkliches Geschick und Sitzfleisch vorausgesetzt. „Dort gab es keine Arbeitsteilung. Ich habe manchmal am Tag einhundert bis zweihundert Pinsel hergestellt. Vom Einlegen der Borsten, vom Stoßen in der Büchse, Ausputzen, Beschneiden, Kleben bis zum Sortieren. Borsten waren auch damals sehr teuer und Mangelware. Meistens wurden die Schweine- und Wildschweinborsten mit Kuh-, Rinds- oder Roßhaar vermischt. Es ging nichts verloren. Die Borsten, die beim Arbeiten unter den Tisch fielen, wurden wieder verwendet."

Die alten Bürsten- und Pinselmacher waren meistens Einzelgänger, sie schlossen sich in den Städten mit den Kammachern zusammen. Schwer beladen zogen sie über Land und priesen ihre Waren an. Walter Nitsche beneidet die wandernden Bürstenmänner nicht. Ihr Leben war schwer bei geringem Verdienst. Die ersten Zünfte sind 1462 in Deutschland nachweisbar, in Augsburg, Frankfurt am Main und München. In Leipzig existierten nach dem „Große(n) Brockhaus" im Jahre 1929 dreitausendsiebenhundertfünfzig selbständige Bürstenmacher, siebentausendsiebenhundertdreiundachtzig angestellte Arbeiter und dreizehntausendzweihunderteinunddreißig Hilfsarbeiter in Fabriken erhöhten die eindrucksvolle Statistik. In Greiz existierten 1928 noch zwölf Bürsten- und Pinselmacher, um 1950 waren es nur noch sechs. Anzutreffen ist heute etwa eine Hand voll Meister in ganz Thüringen.

Als Walter Nitsche 1955 zu Meister Claus kam, war er der einzige Lehrling weit und breit. In der Berufsschule steckte man ihn in die Tischlerklasse. „Holzberechnungen, Wurzelziehen, Beschaffenheit des Holzes, davon habe ich schon profitiert. Ich durfte dann in die Malerklasse gehen. Ich zeigte den Malern, wie man die Ringpinsel abbindet. Viele beherrschen das heute nicht mehr. Wenn die China-Borsten abgenutzt sind, wird der Faden am Pinselkopf gelöst und abgewickelt. Die Borsten können aus dem Kopf gezogen werden auf neue Länge, und der Pinsel ist wieder zu verwenden. Die Maler haben mir das Tapezieren beigebracht und das Mischen von Leim und Farbe. Seitdem kann ich jede Wohnung vorrichten."

Seit Herbst 1998 fährt Walter Nitsche seinen Sohn Christian regelmäßig einmal im Monat montags nach Bechhofen in Mittelfranken und holt ihn Freitag wieder ab. Eine Fahrt mit dem Auto dauert über drei Stunden. Nitsche jun. besucht die einzige Schule für zukünftige Bürsten- und Pinselmacher in der Bundesrepublik. Die ostthüringische Handwerkskammer hat ihn über die zentrale Lehrstellen-Börse in Zeulenroda vermittelt. „Er hat halt a Interesse", murmelt Walter Nitsche, „und gute Voraussetzungen. Die kriegen schon was gelernt da unten." Nur in dem mehrstöckigen Museum zur Handwerksgeschichte sei er noch nicht gewesen. Das gibt er ein bißchen verschämt zu.

Ob er wohl weiß, daß er fast vergessene Traditionen belebt, wenn er seinen Sohn auf den Weg zum Meister führt? Bürstenmacher waren „geschenkte" Handwerker. Sie unterstützten die wandernden Gesellen, halfen ihnen bei der Arbeitssuche vor Ort. Darüber ist mancher geblieben und hat die Zunft vergrößert. Jeder bekam ein Geschenk oder einen Zehrpfennig. Zu diesem Zweck reichten die gastfreundlichen Bürstenmacher jede Woche oder einmal im Monat in der Gaststube den Umgeldteller von Hand zu Hand, auf den jeder der „geschenkten" Handwerker Geld warf.

„Ich habe immer versucht, mich selbständig zu machen, schon zu DDR-Zeiten. Das gelang nie. Erst nach der Wende. Am 1. April 1990 habe ich ‚Pinsel-Nitsche' in Greiz gegründet, allein Flaschenbürsten gedreht und Bürsten für Melkanlagen in den ehemaligen sozialistischen Ländern hergestellt. Von der Firma Bürsten-Lässing in Pößneck konnte ich Kleingeräte und Maschinen erwerben. Ein Pinselmacher in Bayern verkaufte mir alte Technik, die ich mir für meine Zwecke umbaute. So kamen die wichtigsten Maschinen zum Abteilen, Ausputzen, Schneiden, Kitten, Abscheren, Tamponieren und Rütteln in die Werkstatt. Die paar Monate bis zur Währungsunion ging es ganz gut. Danach mußte mich schnell umstellen, hab' in Bechhofen nach Aufträgen gesucht. Ich fand Partner, die mich bis heute unterstützen. Die meisten Firmen dort arbeiten für Handelsketten, die haben eine vierzigjährige Erfahrung. Die fehlt uns leider. Ich sagte mir, du mußt dir eine Nischenproduktion suchen, wo du viel Handarbeit hast. Interessierte Leute, die sich leicht anlernen

lassen und nicht rumzappeln, gibt es genug. Am Anfang hab' ich sehr wenig verdient, weil ich allein war. Man muß selbst handeln, investieren. Großer Gewinn ist nicht zu machen. Doch ich blicke optimistisch in die Zukunft. Wenn sich unsere Wirtschaft aufbaut, durch den Euro und das vereinte Europa, gibt es viele Möglichkeiten. Ich fühl' mich manchmal schon ein bißchen alt. Das klingt merkwürdig, nicht wahr? Dann schau ich meinen Sohn an, und denke, der wird's schon richten."
Walter Nitsche wuchs in keinem Familienbetrieb auf, er mußte immer andere um Rat fragen. „Zur Gesellenprüfung fertigte ich eine Malerbürste und verschiedene Pinselsorten. Geprüft wurde ich auf Handeinzug, neben Stirneinzug, Pechen und Drehen die älteste Fertigungstechnik des Bürstenmachers."

*Handeinzug: Das Einziehen selbst besteht im Wesentlichen darin, daß man den Draht durch ein Loch durchsteckt, das Borstenbündel in der Mitte auf denselben legt, ihn dann durch das nämliche Loch wieder zurückführt, recht stark anzieht. Die Borsten werden hierdurch in der Mitte zusammengebogen, und durch den Draht bis an die Oberfläche des Bürstenholzes in das Loch hinauf gebracht. Der Draht wird jetzt durch das nächstfolgende Loch hinauf gesteckt, und auf diese Weise fährt man fort, bis eine Reihe der Länge nach bearbeitet ist, dann folgt die nächste u.s.w. Wenn das letzte Loch mit Borsten versehen ist, so schlingt man die Enden des ohne Unterbrechung fortlaufenden Drahtes recht fest in einander.
J. J. Prechtl, Technologische Encyklopaedie, Stuttgart 1831.*

Zur Meisterprüfung 1967 nahm Walter Nitsche Urlaub und fuhr nach Pößneck. In der Fabrik von Bürsten-Lässing lernte er in zwei Wochen das Drehen von Flaschen- und Reinigungsbürsten. „Ich konnte nun nachweisen, daß ich auch diese Tätigkeit beherrsche. Mein Meisterstück: eine aus weißen und schwarzen Borsten gefertigte Bürste, die unser PGH-Wappen, mit Eichel und Hammer, darstellt. Ein schwieriges Ornament, das ich speziell vorzeichnen mußte."
Die Produktion an der Salzmest begann mit dem Schrägstrichzieher, einem Flachpinsel für Maler und Künstler. „Man kann einen breiten Strich oder einen schmalen Strich ziehen, wenn man den Pinsel waage-

recht oder senkrecht hält. Das Blech ist schräg geformt, die Borste teile ich mit der Hand. Die Fahnen – das sind die Spitzen der Borsten – werden von hinten durch das Blech gesteckt, auf der Arbeitsplatte nach vorne aufgestoßen und auf Länge gezogen. Ein Meßgerät erleichtert diesen Vorgang. Zuletzt wird die Borste im Blech mit einer Handpresse gedrückt. Danach wird der Pinselkopf geklebt, beschnitten und geputzt. Der Stiel wird aufgesetzt. Dann ist der Pinsel fertig. Eine Prägung erfolgt auf Wunsch des Kunden. Der erkennt die Qualität der Spitzen. Das bedeutet, die Fahne muß einen dichten, weichen Spiegel haben und die Farbe gut aufnehmen."
Ohne Selbstüberschätzung sagt der Reinsdorfer, daß er eigentlich jeden Pinsel fertigen kann, wenn er ein Muster besäße. Hier lohne sich aber nur eine größere Stückzahl oder der Gewinn käme über einen besonderen, schwierigen Auftrag. Der Meister kennt nicht jeden Pinsel und gerät bei manchem Auftrag noch ins Staunen, wie bei einem Flachpinsel mit langem Stiel. „Keine Borsten als Besteckungsmaterial, sondern feinster Kupfer-Bronze-Draht, den ich mit der Hand einzog. Ein interessantes Stück. Wird zur Schiffsentrostung eingesetzt. Zwei- bis dreitausend Stück in der Woche sind jetzt keine Seltenheit."
Fünfzig Kilo wiegt ein Karton mit echten China-Borsten. Die beste Borste kommt aus Chungking, andere aus Shanghai, Tientsien und Hankow. Nach dem Auspacken muß die Ware gut lüften, bei offenem Werkstattfenster, damit sich der Geruch des Mottenpulvers verliert. Weißes Papier ist um die Bünde befestigt, gesichert durch einen Pappring. Die Borsten werden beim Zurichten (Reinigen, Mischen und Sortieren nach Länge) in Chungking gewogen, deshalb prüft Walter Nitsche nur den Inhalt jeder Kiste. Er wiegt ab nach Verbrauchsnorm und kommt damit hin. Aus Hamburg und Stuttgart bezieht er Borsten und teure Haare für die feinen Pinsel. Dachshaar kostet pro Kilo eintausend D-Mark. Walter Nitsche verlangt für solch einen Pinsel siebzig bis achtzig D-Mark, im Handel kostet er das Doppelte. „Es gibt viele Zurichtereien. Ich suche mir das beste Angebot aus und lasse mir Proben schicken. Eine Mischung aus Reiswurzel und Fiber bestelle ich für Bürsten, die in der Schokoladenfabrik die Haut der Nüsse schrubben. Fiberfaser, aus den fleischigen Blättern der tropischen Agave gewonnen, eignet sich besonders für Maurer- und Abbeizpinsel oder grobe Bürsten. Lüsterpinsel werden mit dem teuren Fehhaar vom Sibirischen Eichhörnchen ausgestattet. In der DDR lieferte der Greizer Betrieb diese Pinsel in Glasblä-

sereien, in die Betriebe der Porzellanindustrie, nach Kahla, Triptis, bis hinter Gera, und in Restaurationswerkstätten."

Ein Borstpinselmacher unterscheidet mit sicherem Blick und feinem Finger nicht nur unterschiedlichste Borsten und Naturfasern. Läge vor ihm ein Bündel verschiedenster Tierhaare, er würde erkennen und wenn nötig mit dem Finger fühlen, ob es vom Rotmarder, Bären, Iltis, Dachs, Rind, Eichhörnchen, Pony oder von der Ziege stammt. Ohne dieses Wissen würde jeder Pinselmacher scheitern.

In der Berufskunde seines Sohn liest Walter Nitsche, manches Material sei „kostbar wie Gold". „Das ist die reine Wahrheit. Kolinsky-Haar vom Sibirischen Feuermarder kostet pro Kilogramm zwölftausend D-Mark. Je nach Größe und Stärke beträgt der Preis für Pinsel mit diesem Besteckungsmaterial bis zu mehreren hundert Mark."

Walter Nitsche, der einfach nur „Pinsel-Nitsche" genannt werden will, wählt seine Worte gelassen. Ihn scheint nichts aus der Ruhe zu bringen. „Ich kann mich schon aufregen, wenn mir mal was gegen den Strich läuft, die alten Maschinen auf einmal kaputt gehen. Man möchte sie doch lange behalten. Ansonsten bin ich wirklich ruhig. Ich hab' keine Schwächen, aber das glaubt mir keiner. Meine Träume kreisen meist um den Betrieb, den ich gern erweitern möchte. Ein mittelständisches Unternehmen mit zwanzig, dreißig Beschäftigten und die entsprechende Technik, das wär's."

Pinsel und Bürsten. Keiner kann ihm da etwas vormachen. Vom Wetter im Göltzschtal versteht er eine Menge. Kennt den Fluß genau und noch ganz andere Gewässer. Walter Nitsche ist passionierter Angler, von Kind auf. Doch er kommt seit langem nicht mehr dazu, am Dölauer Stausee die Weitwurfrolle zu spannen. In Gedanken hört er die Hechte und Karpfen im Wasserversteck atmen. Was hat er nicht schon alles an der Angel gehabt. Anglerlatein? Wenn er Zeit hätte, würde er's beweisen und manchen Fisch an Land holen.

Er setzt sich an die Arbeitsplatte und bestückt im gleichmäßigen Tempo die Bürstenhölzer mit schwarzen Borstpinseln. Stück für Stück. Das geht den ganzen Tag so und den nächsten auch. Pinsel-Nitsche merkt gar nicht, wie sich der bodenlose Grund der Göltzsch bewegt und die Brücke steigt ...

Neue Ware aus China: echte Borsten. Jeder Bund mit dem obligatorischen Pappring gesichert.

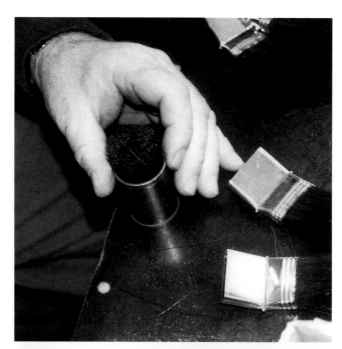

Aufstoßbüchse mit Inhalt.

Die Wurzelenden der aufgestoßenen China-Borsten werden mit einem Faden umwickelt.

Der Borstpinselmacher prüft die Qualität der China-Borsten.

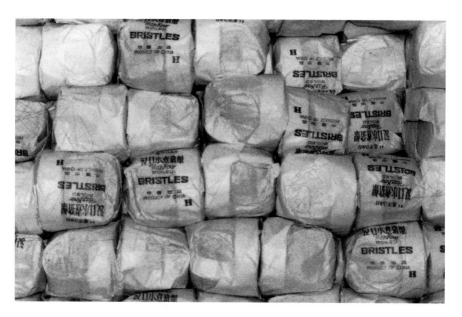

Noch original verpackt: China-Borsten aus Hankow.

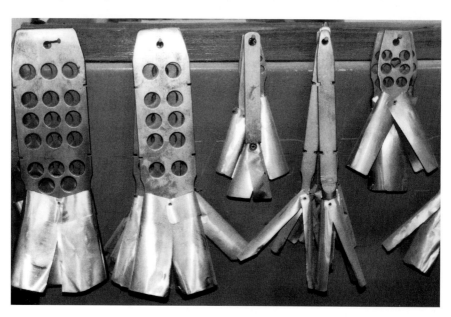

Werkzeuge zum Einführen der Borste in die Schablonen, z.B. bei Abstaubern und Flachpinseln.

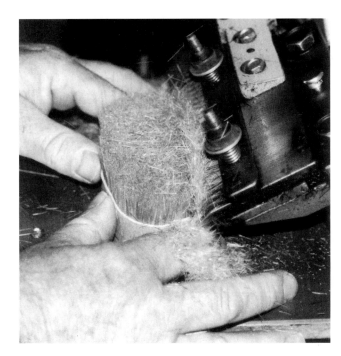

Schneiden der China-Borsten auf Länge.

Herr Nitsche beim Fertigen von Abstaubern für den Malerbedarf.

Steinmetzmeister Hans-Jürgen Gäbler.

„Das Gefühl für den Stein ist in mir drin"

Hans-Jürgen Gäbler, Steinmetz, Jahrgang 1942, Oberndorf bei Gera

„Su enn Wetter!" Um sieben Uhr früh hat Hans-Jürgen Gäbler Grabsteine für den Friedhof in Münchenbernsdorf geladen. Aus der Fahrt wird nichts. Es regnet. Urgroßvater Gottlieb, der „Archst", hätte gesagt, das ist Wetter für meine Leute, da kommt was raus. Wer naß ist oder friert, arbeitet sich warm und fährt Schutt. Läßt der Regen nicht nach? „Ich kumm nich fort", sagt Hans-Jürgen Gäbler. „Die Arbeit macht mir keener." Gerade heute, wo er alleine fahren muß und deshalb mehr Zeit auf dem Friedhof braucht, für das Fundament, damit der Sockel sicher steht. Winkelschleifer, Wasserwaage, Spaten, ein Sack Zement – alles im Auto. Einem kann der Regen egal sein, dem Schleifer Michael Opitz, drüben unterm geschützten Dach. Hans-Jürgen Gäbler ruft ihn „Mike", weil der dritte Mann im Steinbruch auch Michael heißt. Das ist der Schwiegersohn, der hat Urlaub, hat er sich auch verdient, nach der Gesellenprüfung.
Der Steinmetz grummelt vor sich hin, rauh und ruppig springen die Worte. Ein „Hulzlänner" bleibt ein „Hulzlänner". – „Du bist ja schon wieder bei Morgen", sagt Bärbel Gäbler ganz ruhig. Sie kennt ihren Mann seit dreißig Jahren Ehe und weiß, wie seine Reden gemeint sind. Die Steinhauerin klebt Folie der Schrift Unziale auf schwarzen Granit. Der Computer hat die Buchstaben fehlerfrei gedruckt. Gleich schaltet sie das Sandstrahlgebläse ein und läßt die Schrift, Buchstabe auf Buchstabe, automatisch in den Stein prägen. Name, Geburts- und Sterbedatum. Heute kein Kreuz oder Ornament, auch kein Spruch. Was bleibt von einem Menschen, wenn er geht? Den einen kennt Bärbel Gäbler, den anderen nicht. Werden statt eines Steines pro Woche fünf oder sechs bestellt, weiß sie, jetzt sind wieder mehr Leute gestorben. Die Lebensuhr geht mit den Jahreszeiten, unterbricht ihren Gang häufig im Frühjahr und Herbst.

Der Steinmetz kümmert sich nicht darum, was seine Frau jetzt gerade denkt. Nervös drückt er den zerdellten Cordhut fester über die Stirn. Soll er wechseln, den steiferen aus Stoff aufsetzen. Nein, der wird gleich naß, und der aus Filz ... Auf dem Friedhof vergessen. Wo, fällt ihm nicht ein. Mit breiten Schritten, das linke Bein nachziehend, verläßt er die Werkstatt.

Hinter ihm ragt die steile Wand empor, mächtige Sandsteinbänke, über zweihundert Millionen Jahre alt, zehn Meter hoch, weiß und hellbraun gekörnt. Dazwischen zerklüftete Tonschichten. Ein Stück von der Saale-Elster-Sandsteinplatte, die nach Oberndorf zu in ein Kerbtal abfällt. Die Bruchsohle ist vom Grün gesäumt; Ahornbäume, Eichen und Ulmen klammern am Abgrund. Der Steinmetz könnte hinüber ins Wohnhaus mit den gefurchten Possensteinen gehen, bei seiner achtzigjährigen Mutter einen Kaffee trinken, doch er hält sich rechterhand, tritt in den Keil, den Urgroßvater Gottlieb 1871 in das Bergmassiv der unteren Gemeindewiesen sprengte. Der schmale Weg schlängelt sich durchs feuchte Grün. Alte Urnensteine dienen als Befestigung und markieren, reihenweise schräg in die Böschung gelehnt, den Pfad. Neu geschliffen und poliert, meint Hans-Jürgen Gäbler, können diese Steine wieder Jahre stehen. Syenit, Granit, Travertin – für Treppen, Sockel, Fensterbänke und Säulen. Der Lagerplatz wächst. Nur nicht anstoßen am schweren Deichselwagen, der hat Museumswert. Und nicht unter der Wand gehen. Hat noch keiner was abgekriegt, doch im Winter nach dem Frost können einzelne Steine brechen. Engel mit runden Kinderköpfchen zieren die Vorsprünge. Über ihnen auf einem Felssockel thront als Büste Turnvater Jahn mit lockigem Gelehrtenbart. Die einzelnen Stücke wirken wie Artefakte, kamen mit den Grabsteinen zufällig hierher und blieben, vom Steinmetz plaziert.

Auf der anderen Seite des Grundes, parallel zur steilen Wand, verläuft der Bahndamm. Ein Zug aus Weimar rast vorbei. Wer in dem Zug sitzt, kann den Steinbruch nicht sehen. Anders die Leute im Zug aus Gera. Zwei, drei Sekunden für ein Bild, das schnell vergessen wird. Der Weg verläuft sich im Schutt. Der Steinmetz kennt jeden Winkel. Als Achtjähriger hat er bei Vorbereitungen zum Sprengen geholfen, den Bohrer gehalten, während Großvater und Vater mit Schlegeln arbeiteten. „Wehe, du hast mit dem Bohrer gewackelt, da haben se dir uff de Pfoten gekloppt", sagt er und sieht im Stein die Spuren von Spitzhacken und Eisenkeilen ...

1869 kauft Gottfried Gäbler aus Kraftsdorf von der Gemeinde Oberndorf die unteren Gemeindewiesen für zweihundertfünfundzwanzig Mark. Die Fläche beträgt nach altem Maß fünfundsechzig Ruthen. Die Gemeinde, froh über den Abschluß des Geschäfts, spendiert dem Käufer zwei Eimer Bier, zwei Flaschen Branntwein und diverse Zigarren. Gottlieb Gäbler ist kein Fremder im Dorf, alle kennen ihn als „Archst" – der Spitzname kommt von Archelaus. Andere Männer im Erlbachtal heißen auch so. Warum kauft der „Archst" das Grundstück? Kaum Mutterboden. Was gedeiht schon auf steilen Hängen und in holprigen Bodenwellen? Obstbäume wachsen verstreut auf dem Weideland, Rüben und Kartoffeln lassen sich auf der Höhe pflanzen. Sonst nur poröser Bruchsandstein, wohin das Auge blickt. Nun baut sich der Gäbler ein Haus, das mag noch angehen. Hätte sich auch in Kraftsdorf was Besseres suchen können, in der Nähe von seinem Vater, der in der „Hucke", im „Hulze", einen Steinbruch betreibt.

Gottlieb Gäbler weiß um das Geheimnis des versteinerten Sandes. Gold wird er hier nicht finden, aber gute Steine. Er sprengt sich in die mächtige Wand und treibt sie auseinander, Jahr um Jahr, bis der Keil eine Länge von einhundertdreißig Metern erreicht hat. Tonnen von Abraum muß er aus dem Bruch schaffen, bis er auf gute Bänke stößt, die sich wie in einem Regal Fach um Fach übereinanderschichten.

Mit dem Hausbau ab 1871 beginnt Gäbler den Grund wirtschaftlich zu nutzen. Er dreht mit dem Steinbohrer Löcher in die Wand, füllt Schwarzpulver hinein, zündet die gelegte Schnur und sprengt große Blöcke. Die einzelnen Stücke werden auf die Karre gebänkt, auf Maß gesägt und mit Stockhammer, Spitzeisen, Krönel und Scharriereisen bossiert, geebnet und scharriert. Stumpfe Meißel und Spitzhacken schärfen die Schmiede im Ort.

Das Haus baut Gottlieb Gäbler zweistöckig, mit Außentreppe und Veranda, setzt kantige, grobe Possensteine und verfugt sie. Ein sicheres Haus, in dem es sich gut wohnen läßt. Für die Arbeit im Steinbruch erhöht er die Zahl der Beschäftigten von drei auf achtzig. Das Handwerk floriert in der Gegend, in Harpersdorf, Kraftsdorf und Rüdersdorf. Wer weniger Arbeiter hat, hilft dem anderen. Gleich nebenan dringt Steinmetz Hesse seit fünfzig Jahren in das Massiv, und Heuschkel, der erst zehn Jahre sprengt.

Gäbler liefert seine Steine bis nach Sachsen und Preußen. Er steht seinem Vater nicht nach, der Kraftsdorfer Sandstein ins Göltzschtal lieferte, für das Fundament der achtzig Meter hohen Bogenbrücke. Pferdewagen mit vier und fünf Zoll breiten Rädern stehen für den Transport über Land bereit. Viele Steine gehen nach Gera. Dort lassen sich Fabrikanten pompöse Villen bauen. In Weimar und Leipzig eröffnet der tüchtige Geschäftsmann zwei Filialen. Und er erkennt die Bedeutung der Eisenbahn, die direkt an seinem Grundstück vorbei führen wird. 1872 bis 1873, als der Bahndamm aufgeschüttet wird, baut Gottlieb Gäbler einen schmalen Tunnel, die einzige Zufahrt zum Bruch. Die Weimar-Gera-Bahn wird 1876 eingeweiht. Gäbler bricht Steine für Eisenbahnbrücken und Tunnel. Wenn das Gleis frei ist, dampft von Hermsdorf eine kleine Lok mit Waggons heran. Bis der nächste Zug kommt, müssen sich die Arbeiter sputen. Sie beladen die Waggons mit den begehrten Werksteinen. Um die Jahrhundertwende sind bis zu einhundert Arbeitskräfte im Bruch beschäftigt. Die kommen alle aus dem Holzland, viele von ihnen werden keine sechzig Jahre alt. Der Staub zerstört ihre Lungen, da können sie Schnaps trinken so viel sie wollen. Gottlieb Gäbler stirbt 1901 ganz plötzlich. Sein Sohn Karl setzt ihm einen Obelisk aus Marmor. Eine aus der Fläche gemeißelte langstielige Sonnenblume mit ausgeprägten Blättern schmückt den Stein. Sie neigt ihr geknicktes Haupt über den Namen des Toten – ein feierliches und schwermütiges Epitaph.

Zu diesem Zeitpunkt ist Karl Gäbler siebzehn Jahre alt. Er muß den Betrieb übernehmen. Als das zweite Bahngleis gelegt wird, verbreitert er den Tunnel. Ein normales Auto kann jetzt in den Werkstatthof hinein- und wieder herausfahren. 1908 macht Karl Gäbler die Meisterprüfung als Steinmetz. 1932 wird ihm der Bürgermeister von Oberndorf eine Ehrenurkunde überreichen, „als Zeugnis eines strebsamen, ehrenhaften Handwerkers und treuem Mitgliede unserer Innung ausgefertigt, damit sein Name als Vorbild für Bürgersinn und Handwerkertüchtigkeit für ferne Zeiten erhalten bleibe".

Karl Gäbler beschäftigt fünfzig Arbeiter. Er baut mit an den Kirchen in Eineborn und Oberndorf. Das Geschäft läuft gut, bis zum Ersten Weltkrieg. Danach kann der Juniorchef nur noch drei Steinmetzen bezahlen. Die Einführung des Zements stoppt den Abbau von Sandstein. Karl Gäbler stellt sich auf die Produktion von Grabdenkmälern um, knüpft Kontakte zu den Granitwerken in der Lausitz und bezieht Porphyr aus dem Rochlitzer Wald. Erst nach dem Zweiten Weltkrieg holt Karl Gäbler mit seinem Sohn, der ebenfalls Karl heißt, wieder Sandsteine aus dem eigenen Bruch, bis in die sechziger Jahre. Die meisten Brüche haben schon um die Jahrhundertwende ihre Tätigkeit eingestellt. Die Gäblers gehören zu den letzten in der Kraftsdorfer Flur. Das Handwerk geht auf die nächste Generation über, auch der Sohn ist ein geachteter Steinmetz. Er betreibt das Geschäft in Hermsdorf, der Vater bleibt in Oberndorf und arbeitet bis ins hohe Alter. 1964 übernimmt Karl Gäbler jun. den Betrieb und modernisiert ihn, kauft eine Steinsäge und Schleifmaschinen. Sein Sohn Hans-Jürgen ist zweiundzwanzig Jahre alt. Nach der 8. Klasse ist er nach Gera gegangen in einen Steinmetzbetrieb. Meister Witt staunt über den Jugendlichen, der den anderen Lehrlingen weit voraus ist. Er kann schon eine gerade Fläche einebnen und Kanten absprengen. Das Lernen fällt ihm leicht. Er holt das Abitur nach, besucht die Fachschule in Apolda mit Praktikum im Travertinwerk Bad Langensalza und wird sich auf die Meisterprüfung vorbereiten. Von drei Geschwistern ist er der einzige, der das väterliche Handwerk fortführt.

Am Vormittag wollte doch ein Kunde kommen, erinnert sich Hans-Jürgen Gäbler. „Wieder hab ich was anneres im Nüschel. Ich bin eben lebhaft, mag's farbig, temperamentvoll." Zurück in der Werkstatt sucht er unter vielen Zetteln die Bestellung. „Ich muß dem Manne erscht plausibel machen, daß der Marmor nischt für außen is. Der Steen glänzt wie eene Speckschwarte, aber wenn ich in drei Jahren dahinguck', is der grün un dracksch, die Politur is runner, da hält keene Farbe vun der Schrift drinne." Marmorsteine verkauft er deshalb ganz selten. Er bearbeitet Granit und Syenit, läßt aus der Lausitz liefern wie vor ihm schon der Vater, Großvater und Urgroßvater. Diabase und Diorite kommen aus dem Ausland – Indien, Brasilien, Schweden, China und Thailand. Sie werden unter ihrem Handelsnamen geführt: „Blue Sky", „Orion", „Himalaya", „Aurora", „Paradiso", „Viscont weiß", „Vizak blue" und „Eukalyptus". „Wolln mer mal so sagen, das Gefühl für den Steen, die Struktur und die passende Schrift, das steckt in mir drin."
Dreihundert Steine setzt er im Jahr auf Friedhöfen im Holzland. Er fährt bis nach Gera, Stadtroda, Bad Köstritz und Münchenbernsdorf. In den Tälerdörfern, in Rattelsdorf, Tautendorf oder Eineborn, wird er oft von alten Leuten angesprochen, die noch bei Karl Gäbler sen. gearbeitet haben. Während Hans-Jürgen Gäbler Fundamente gießt, Sockel und Steine im Lot setzt und die Rüttelprobe durchführt, entdeckt er Grab-

steine, die vor siebzig, achtzig Jahren aus dem Gäblerschen Grund mit dem Gespann herüber transportiert wurden.

Frau Gäbler wirft ihrem Mann über die Schulter einen Blick zu und sagt beiläufig: „Hast du nach den Schafen gesehen?" – „Nich hü un hott itze." – Frau Gäbler sagt: „Wer weiß, wann der Kunde kommt." Hans-Jürgen Gäbler bindet sich die ausgewaschene, einstmals dunkelblaue Arbeitsschürze fester. Der Regen läßt nach. Vielleicht kann er bald fahren, die Zeit geht auf Mittag zu.

Auf den Hangwiesen hinter Haus und Stall sieht er zwischen den Obstbäumen ein paar seiner Schafe weiden. Fünfzehn Tiere hat er noch, vor der Wende waren es fünfundzwanzig. „Früher hab' ich die Wolle verkooft, die Tiere zum Schlachthof gebracht. Jetzt solln sie nur die Wiese kurz halten." Im Frühjahr holt er eine kleine Kalbe, päppelt sie auf acht Zentner Lebendgewicht und kauft vom Schlachthof noch eine Sau dazu. Seit der Wende wird wieder geschlachtet, die ganze Familie schafft mit. Das Fleisch wird zu Schwartenwurst, Leber- und Blutwurst, Bratwurst und Wurstsuppe verarbeitet.

Hans-Jürgen Gäbler liebt thüringische Kost. „Sonntags kommen dorheeme grüne Kließe uffn Tisch." Pizza, Döner oder Hot Dog, nein, bloß das nicht. Was aus eigener Hand stammt, schmeckt am besten. Das wußten die Gäblers. Sie haben schon immer eine kleine Landwirtschaft betrieben und konnten sich in Notzeiten damit über Wasser halten, wie andere Handwerksfamilien im Holzland. Waren im August keine Kartoffeln im Keller, gab's den Winter über „Mahlpapps". Nudeln, Reis und Graupen standen nicht auf dem Speiseplan, nur „Ardäppel".

Oben auf dem Hang stehen noch sechs Obstbäume, die hat Hans-Jürgen Gäbler mit dem Großvater gepflanzt. Zu zweit waren sie unterwegs, der zehnjährige Junge und der ältere Mann, jeder auf seinem Fahrrad. Sie fuhren über den Holzweg nach Rüdersdorf, durch den Goldgrund bis nach Köstritz in die Baumschule. Auf dem Rückweg hatte der Großvater auf die Lenkstange vier Obstbäume gebunden und der Junge, weil er ja kleiner war, nur zwei.

Jedes Jahr geht der Steinmetz ins Heu. Selbst in der größten Hitze wird die Sense gedengelt. Kein Schatten da oben. Für Hans-Jürgen Gäbler steht fest, so lange er die Herde hält, muß die Wiese gemäht werden. Wie oft hat ihm in der Kindheit die Großmutter den Handwagen hingestellt, dazu Sense und Rechen. Und nur gemeint, um sechs am Abend

wird das Viehzeug gefüttert, dann ist der Wagen mit Gras voll. Hatte der Junge gebummelt, bekam er nur ein kleines Stück Brot. War er fleißig gewesen, gab man ihm ein großes Stück Bratwurst zum Ranftel. Er wendet sich zum Bahndamm. „Schleichweg", sagt er und steigt rasch hinauf, trotz des steifen Beines. Oben auf dem Damm, neben den Gleisen, bleibt er stehen. Von hier hat er den besten Blick auf sein Grundstück. Der Zug nach Jena ist schon durch, hält vielleicht jetzt in Hermsdorf. Den Zügen schaut er nicht nach, hört nicht mehr, wenn sie in Sekunden vom Schall verschluckt werden. Nur beim Telefonieren muß der Steinmetz lauter sprechen, und dem Teilnehmer am Ende der Leitung faucht das Fahrgeräusch kurz ins Ohr.
Vergessen hat Hans-Jürgen Gäbler, was in seiner Kindheit vor fast fünfzig Jahren geschah. Auf der Böschung hütete er die Kuh, ein kleiner Junge, der schon im Steinbruch beim Bohren half. Kletterte die Kuh nach oben, stieg der Junge ihr nach und stürzte stolpernd in den Schotter? Er muß aufs Gleis geraten sein, als der Zug nahte. Der Zug fuhr davon, der Junge blieb schwer verletzt liegen. Er kam ins Krankenhaus, wurde am linken Bein operiert und als er aus der Narkose erwachte, fehlte ihm der Unterschenkel.
Hans-Jürgen Gäbler schaut aus dem Augenwinkel hinüber nach Oberndorf. Ein einstmals reiches Dorf mit vielen Handwerkern. Er hat den Stellmacher gekannt, der die Pferdewagen der Landfuhrleute reparierte, die Schmiedemeister Töpfer und Dölz, die Leiternmacher Hädrich und Köhler, Großers, die Zimmerer, den Maurer Heuschkel, Fleischer „Buwig", den Fuhrunternehmer Wagner und Berthold, den Pantoffelmacher. „Was ist von diesen Handwerken geblieben?" fragt Hans-Jürgen Gäbler schulterzuckend. „Wenn wolln mer dafür zur Verantwortung ziehen?" Er bleibt sich die Antwort schuldig, denkt, daß die Gäblers mit ihrem Handwerk Glück gehabt haben, bis in die vierte Generation. „Organisieren, improvisieren, anners kenn' ich das gar nich. Das kannste nich lerne, das Talent mußt du besitzen da dazu. Du mußt den Betrieb so fiehrn, daß was rauskimmt, da haste früh um sieben da zu sein bis abends um sechs, auch sonnabends und sonntags bis Mittag."
Die Meisterausbildung für den Schwiegersohn – selbstverständlich wird die von ihm finanziert. „Irgendwann werd' ich ooch mal in Rente gehen, und bis dahin muß der Michael erschtemol noch viel lernen, auch wenn er schon dreißig is. Handarbeit bleibt bei uns, geht nich anners, trotz Technik, das is noch von dazumal so."

Als Gesellenstück hat Michael Leukefeld einen dreiviertel Meter hohen gelblichen Sandsteinquader scharriert, eine Schräge mit Hohlkehle gearbeitet und aus dem unteren Längsstück eine rechteckige Fläche erhoben, die eine Sonnenuhr darstellt. Eine beachtliche Arbeit für einen jungen Mann, der sich erst seit drei Jahren mit dem Steinmetzhandwerk beschäftigt. Michael Leukefeld stammt aus Nordhausen, war Ingenieur, und als es ihn nach Oberndorf verschlug, wurde er neugierig auf das Handwerk. „Der Junge kommt aus der Stadt, kennt keen richtches Gras, keene Blume", sagt der Meister. Da mußte er ihm erzählen, wie Großvater Gäbler die Enkel bei der Hand nahm, bevor es dunkel wurde und mit ihnen bis ans Ende des Steinbruchs ging. Mäuschenstill standen sie. „Schtundenlang, da wurde zujehorcht." Welcher Vogel hat jetzt gesungen, hat der Großvater gefragt. Zum Geburtstag schenkte er den Kindern Bücher über Vögel, Bäume oder Pilze. Die besitzt Hans-Jürgen Gäbler heute noch.

„Jetzt is aber keene Zeit zu horchen, was der Buntspecht kloppt." Mit breiten Schritten steigt der Steinmetz die Böschung hinab. Hinterm Wohnhaus prüft er die dicht wachsenden Koniferen, die schon wieder einen Schnitt nötig haben. Wenn das Gesträuch so weiterwuchert, ist in ein paar Jahren der stille Marmorengel verschwunden und auch der Obelisk vom Gottlieb, dem „Archst". Holz ist eben doch stärker als Stein.

Mit der Hand streicht der Steinmetz über die rauhen Possenquader der Hauswand. „Da, alles wingk neu, fahlt nischt, das Dach, die Fenster, bis uff die Steene, das sinn die besten von hier." Parterre wohnt Hans-Jürgen Gäblers Mutter, darüber die Tochter mit Michael. Als der Meister heiratete, zog er nach Alt-Hermsdorf, ins Haus der Schwiegereltern. Seitdem baut und werkelt er dort.

Wieder in der Werkstatt schaut er kurz zu seiner Frau. Die hat ihn gar nicht bemerkt, weil sie sich gerade übers Gebläse beugt. Hans-Jürgen Gäbler bleibt neben der Tür stehen. Dort hängt ein Schild mit dem Spruch: „Betrachte jeden Tag als ein ganzes Leben." – „Das muß so sein", sagt er mehr für sich. „Das is een Spruch, der paßt zu mir, und desterwegen hab ich den dahergehängt."

Hans-Jürgen Gäbler zeigt noch einmal, wie früher im Bruch eine Steinplatte aus der Wand gesprengt wurde. Die wichtigsten Werkzeuge: Zweispitz und Stockhammer. Letzterer schlägt die Eisenkeile in die vorbereiteten Löcher, bis sich ein Riß bildet und die Platte abkippt.

Mit diesem vierrädrigen Gefährt wurden kleinere der gebrochenen Steine transportiert.

Hans-Jürgen Gäbler benutzt das Schlageisen...

Platz für das „Geschirr" – eine Radewelle mit Museumswert.

Der Klöpfel treibt den Meißel – die Ränder des Werkstücks werden geebnet.

Die Fläche ist eben, wenn das Richtscheit glatt aufliegt.

Konzentrierte Schläge mit dem Scharriereisen – letzte Unebenheiten werden beseitigt.

Spuren von Jahrmillionen Erdgeschichte ...

„Neu geschliffen und poliert können diese Grabsteine wieder Jahre stehen ..."

*Blick in den ehemaligen Gäblerschen Steinbruch.
Vorn die Werkstattgebäude.*

Hans-Jürgen Gäbler auf dem Bahndamm. Rechts das Wohnhaus, das sein Urgroßvater Gottlieb Gäbler, der „Archst", 1871 baute.

Die Orgelbauer Andreas Rösel und Holger Hercher (von rechts nach links), hier in der Marienkirche Saalfeld-Gorndorf.

Foto: A. Kirchner

Der Wind steht auf einem Fuß

Andreas Rösel und Holger Hercher,
Orgelbauer, beide Jahrgang 1959,
Saalfeld

Steht ein Haus leer, geht der Wind um. Ein leeres Haus altert um Jahre. Eine Orgel wohnt im hölzernen Gehäuse und kann ein paar hundert Jahre alt werden. Wenn die Töne der Orgel an Glanz verlieren, muß sie eine Zeitlang schweigen. Zuvor sendet ihr göttliches Orchester noch ein Stoßgebet gen Himmel. Ein letztes Mal zieht der Wind durch die Pfeifen, steht kurz fest auf seinem Fuß und verliert an Kraft. Auf dem Kirchboden drückt der Blasebalg seine Falten schnaufend wie eine Harmonika zusammen. Der Motor verstummt.
Der Gehäuseprospekt ist ausgeräumt. Die acht leeren Felder der Mittel- und Seitentürme gleichen offenen Fenstern und geben den Blick auf die getünchte Westwand der Stadtkirche von Gefell frei. Wie das schmückende Holzwerk haben sich auch die Pfeifen, alle eintausendfünfhundert Stück, Register für Register auf Reisen begeben.

Gefell, 1807. Johann Gottlob Trampeli signiert das Gangholz. Lateinische Buchstaben. Nur der Name soll zu lesen sein. Trampeli. Das Eichenholz härtet sich und altert, die schwarze Schrift wird nicht verblassen. Der Meister nickt zufrieden. Nur ein Orgelbauer wird diese Signatur finden auf der Suche nach Trampelis Philosophie. Nur wenn er sie versteht, kann er dem sechs Meter hohen Instrument die Seele zurückgeben.
Der berühmte Orgelbauer aus dem sächsischen Adorf ist fünfundsechzig Jahre alt. Wieviele Orgeln wird er noch bauen können? Er, den die Fachwelt lobt für sein Können und dessen Name in einem Atemzug mit Gottfried Silbermann, seinem viel berühmteren Landsmann, genannt wird. Durch viele Schächte und Stockwerke Silbermannscher Orgeln ist Trampeli geklettert. Über fünfzig Orgeln hat er selbst gebaut, zusammen mit Bruder Christian Wilhelm. Die schönsten in Sachsen – Nikolaikirche zu Leipzig, Kreuzkirche zu Dresden.

Er wirft einen Blick hinüber zum Altar. Der schwebende Taufengel des Hofer Bildschnitzers Johann Nicolaus Knoll hat die geschweiften Goldflügel im Schulterblatt zusammengezogen. Ach, sagt Trampeli nur, was weißt du von der Welt draußen. Du läßt dich sanft zur Erde, wenn zur Taufe gerufen wird. Irdische Trauer ist dir fremd.

Trampeli denkt in diesem Augenblick nicht nur an sein Alter. Wer hat nach dem Ende der Franzosenkriege noch genügend Taler für ein neues Instrument? Vor kurzem hat er in Dortmund eine Orgel fertiggestellt und dafür dreitausend Taler erhalten. In Gefell wird die Zeit mit anderem Maß gemessen. Jahrelang hat sich die Stadt mit den eingepfarrten Gemeinden um den Neubau der Kirche gestritten. Ihr Vertrag mit dem begnadeten Meister aus Adorf datiert von 1799. Trampeli kann, auch bedingt durch eigenes Verschulden, den Kontrakt nicht einhalten. Die Stadt reagiert verärgert, und erst nach Fertigstellung der neuen Kirche 1804 kommt die Verbindung zustande. In der Zwischenzeit hat Trampeli das für Gefell bestimmte Orgelwerk in Rothenkirchen errichtet. In Gefell baut er anders, verzichtet er auf einen spitzen Klang und erweitert die Grundtöne, richtet zwei Manuale und vierundzwanzig Register.

Die einstmals vereinbarte Summe von tausendundfünfzig Talern für den Bau ist angesichts verteuerter Materialien und Baukosten nicht tragbar. Erbittert kämpft Trampeli um weitere zweihundertfünfzig Taler. Er liebt solche Herausforderungen nicht mehr; sie schlagen ihm auf die Galle. Er kann es sich nicht leisten, wie ein Silbermann mit dem Stock auf dem Steinfußboden in der Kirche herumzustampfen. Der hat das Echo vernommen und dann entschieden, ob er eine Orgel baut oder nicht.

Die Stadt Gefell lenkt schließlich ein und Trampeli „veraccordiert" einheimische Tischler, die ihm hölzerne Pfeifen und Blasbälge fertigen. „Gott, was für ein Unterschied zwischen Westphalen und Sachsen in betreff der Künste; in Westphalen wird der Künstler geschaetzet, in Sachsen behandelt man ihn aber als Tagelöhner und nach dieser Art wird er auch bezahlet", hat er 1806 nach Gefell geschrieben.

Ein Jahr später wird in der Stadtkirche „Unserer lieben Frauen" zu Gefell Trampelis Orgel geweiht. „Soli Deo Gloria".

Gefell, Juni 1999. Nur wenig Licht dringt über die Schwelle, als Andreaas Rösel die Eingangstür öffnet. In der Kirche herrschen 17,7 Grad. Dumpfe Feuchtigkeit legt sich auf die Schleimhäute. Beeindruckt von

der klassizistischen Architektur verharrt der Orgelbauer, dann steigt er auf die Emporen. „Ich gehe zuerst in die Kirche, ohne mir die Orgel anzusehen", sagt er. „Ich lasse den Raum auf mich wirken. Meine Klangvorstellungen muß ich ändern, wenn zum Beispiel der gotische Altarraum der alten Kirche noch existiert. Tonnendecke oder Flachdecke ergeben ein neues akustisches Bild. Bei riskanten Räumen legen wir auf die Sitzreihen Decken, damit der Effekt eines vollen Raumes entsteht. Wir suchen nach der optimalsten Variante in der Restaurierung, beraten uns mit den Denkmalpflegern und Architekten, schließen auch Kompromisse, wenn sie der Orgel dienen. Eine kleine Gemeinde können wir nicht überfordern mit einer Restaurierung, die vielleicht zweihundertfünfzigtausend oder dreihunderttausend D-Mark kostet."
In Blickhöhe mit dem schmalen rotwangigen Jünglingsgesicht des Taufengels sieht Andreas Rösel zur Orgel hinüber, prüft deren Gestalt und Maße, die Reihen der mattglänzenden metallenen Pfeifen.
„Gefell ist klar gegliedert, technisch genial angelegt, das hat Trampeli von Silbermann. Warum nicht, wenn es gut ist. Trampeli-Orgeln wurden weithin geschätzt. Deshalb sind hier noch zahlreiche originale Teile, wie Gehäuse, Prospekt, Hauptwerk und Pedal vorhanden."
Selten trifft er vor Ort seinen Mitstreiter Holger Hercher. „Unsere Arbeitsteilung ist genau abgestimmt, wir wissen, wieviel Zeit uns für Restaurierung oder Instandsetzung zur Verfügung steht. Jeder arbeitet selbständig, wirkt für das Ganze, und wir sind erst zufrieden, wenn der Sachverständige bei der Abnahme keine Mängel feststellt."
Beide üben seit fast fünfundzwanzig Jahren ihr Handwerk aus. „Es gibt eine Regel. Wer länger als fünf Jahre aushält, der bleibt Orgelbauer, ein Leben lang", sagt Andreas Rösel. Er hat viele Gesellen kommen und gehen sehen.
„Die Zeit der Wanderjahre – sie hat keinem geschadet –, gibt es nicht mehr. Nach dreieinhalb Lehrjahren entscheiden sich die meisten für artfremde Berufe, weil die Anforderungen zu hoch sind. Der Durchlauf ist riesengroß, das war schon zu DDR-Zeiten so. Aus meiner Lehrzeit blieben zwei von einundzwanzig, einer davon bin ich."
Orgelbauer sind Handwerker mit vielen Talenten – Klempner, Drechsler, Schreiner, Schuster, Schmiede und Instrumentenstimmer. Sie müssen eine gute Hand haben, ein Gefühl für Proportionen und ihren Sinnen vertrauen. Sie lernen nie aus. Für die Familie zu Hause bleibt wenig Zeit, nicht jede verkraftet diese Herausforderung.

Orgelbauer sind Zugvögel, immer unterwegs. Keine tagelangen Fußmärsche und anstrengenden Pferderitte mehr, im Schlepp die Familie, Hausrat und Werkzeug auf dem Planwagen. Fahrräder und Motorrad mit Beisitzer sind aus der Mode gekommen. Der Lehrling fährt vielleicht noch mit dem Zug oder Bus nach Hause. Das Firmenauto transportiert Kisten und Kästen voller Werkzeug, kleinere Maschinen und diverses Gepäck. Schlafsäcke und Decken werden obenauf gepackt. Man kann ja nie wissen, vielleicht muß in der Kirche übernachtet werden. Nicht im Teppich eingerollt. Diese oft zitierte Anekdote wird einem Orgelbauer namens Haßkarl zugeschrieben.

Holger Hercher über Andreas Rösel: *Er ist viel ruhiger als ich, besitzt wohl auch die bessere Intuition. Wenn er jede Pfeife auf den Raum und den Klang des Registers abstimmt, dann gibt er etwas von seinem Innersten preis, das in die Orgel eingeht. Unglaublich, wie er das im vorgegebenen Zeitrahmen schafft. Er ist ein Spezialist auf seinem Gebiet.*

Ob Zufall oder nicht, die Wege der beiden Saalfelder kreuzten sich immer wieder. Zwischenstation Stadtilm. 1976 erhielt Andreas Rösel bei der Firma Schönefeld einen der begehrten Lehrplätze: „Ich wollte ein Handwerk ausführen, das in Verbindung zur Musik stand. Anfangs bekam ich Angst vor der Fülle der Eindrücke. Würde ich diese Vielseitigkeit jemals begreifen und verkraften können? Die Erfahrung kam über die Jahre." Holger Hercher, der über das Tischlerhandwerk zum Orgelbau kam, wirkte kurz in der Firma, bis er seinen Wehrdienst in der NVA ableisten mußte. Dann verloren sich beide aus den Augen.
„In Stadtilm habe ich nur neue Orgeln gebaut", resümiert Andreas Rösel, „mit Wartezeiten bis zu fünfzehn Jahren für die Gemeinden, vergleichbar mit dem Erwerb eines neuen Pkw ‚Trabant'. Viele alte Instrumente hätte man noch retten können. Deshalb habe ich mir gesagt, konzentriere dich auf die Restaurierung, auf den Erhalt der alten Instrumente und lerne aus den Techniken ihrer Erbauer. Ich wußte, in Holger Hercher würde ich den richtigen Partner für ein selbständiges Unternehmen finden."
Beide wählten ganz bewußt ein inzwischen historisches Datum für den Beginn eines neuen gemeinsamen Weges. Am 3. Oktober 1990, dem Tag der deutschen Wiedervereinigung, gründeten sie ihre Firma. Beide kannten sich schon aus ihrer Kindheit und wuchsen in religiös gepräg-

ten Familien auf, die Wert auf musische Erziehung legten. Gefördert wurden die Talente der Jungen in der Chorgemeinschaft der „Thüringer Sängerknaben". Rösel sang Tenor, Hercher Baß. Walter Schönheit, der Kantor, weckte in ihnen Selbstvertrauen und Neugier auf das Schöpferische – ein Mann, von dem sie heute noch voller Bewunderung sprechen. Er war ihr Lehrer, der beste, den es je gab. Aus den Knaben wurden junge Männer und der Kantor begeisterte sie noch immer für den Chorgesang. Vierzehn Jahre und zehn Jahre lang. Während des Gottesdienstes oder bei Konzertauftritten sangen beide nicht nur ihren Part. Besaß die Orgel keinen elektrischen Motor, stiegen sie in die Bälgekammer und pumpten Luft in die Lunge der Orgel. Wenn sie den Organisten einmal ärgern wollten, weil der lange Choräle spielte, hörten sie auf zu treten. „Dann verhungerte die Orgel", sagt Andreas Rösel. „Ein jahrhundertealtes Spielchen. Kein Kalkantenmärchen."

Gemeinsam restaurierten sie ihre erste Orgel 1991 in Oberweißbach. Andreas Rösel gerät ins Schwärmen, wenn er einen der schönsten Orgelprospekte Thüringens beschreibt. Inzwischen haben sie etwa fünfundzwanzig Orgeln restauriert oder instandgesetzt, die meisten in Thüringen. „Es wird lange dauern", bemerkt Andreas Rösel, „bis die Thüringer Orgellandschaft in ihrer Breite restauriert sein wird. Wenn genug Geld vorhanden ist, werden die Instrumente weiterhin gepflegt werden können. Doch wo die Schäden bereits so gravierend sind, wie zum Beispiel in Sachsen-Anhalt, wird nichts mehr zu retten sein. Ich bin trotzdem der Auffassung, Armut ist die eine hilfreiche Denkmalpflegerin. In der DDR war der Denkmalschutz arm, man konnte nicht jede historische Orgel retten, aber es wurden weniger Instrumente abgebaut und zerstört als in der Bundesrepublik."
Für Gefell lautet der Auftrag: grundhafte Instandsetzung. Die Traktur – die Verbindung zwischen Taste und Pfeifenventil – wird wieder um einen Ton höher gehängt. Das System erhält dadurch seinen orginalen Zustand zurück und gewinnt Raum für die Interpretation der Orgel-Literatur aus den verschiedensten Zeitepochen. – Das Pfeifenwerk hat durch Um- und Nachstimmungen gelitten, Körper und Füße einzelner Pfeifen sind geprellt, müssen gerichtet und ausgebeult werden. Demontage, Werkstatt. Alle Pfeifen werden montiert, „rundiert" oder gerundet, wie es in der Fachsprache der Orgelbauer heißt. Putzen, Ausbessern, Einpacken, Transport zur Kirche, Auspacken, Einbauen und

Intonieren. Keine darf Schaden nehmen, jede wird behütet wie ein kleines Kind. Trampelis Metallpfeifen bedürfen besonderer Sorgfalt. Sie offenbaren ein Detail der Gefeller Philosophie: dünne Wandung – intensiver Klang.

Eine alte Pfeife zu richten, ist aufwendiger als eine neue zu bauen. Trotzdem sei das am Ende günstiger, gibt Andreas Rösel zu bedenken. Zinn und Blei gießt er nicht selbst. „Das ist etwas anderes bei großen Unternehmen. Ein Johannes Klais in Köln baut unentwegt neue Orgeln in der Welt. Der hat natürlich ganz andere Voraussetzungen. Wir bestellen unsere Zinnplatten oder ganze Register im Schwäbischen. Das geht über Fax, kein Problem."

In zwei, drei Wochen wird Andreas Rösel im Gang des Hauptwerkes sitzen und die polierten Pfeifen Register für Register auf den Kammerton abstimmen. Der Orgelbauer trägt dünne durchsichtige Gummihandschuhe. Fingerschweiß könnte schädliche Spuren hinterlassen. Ein elektrischer „Tastendrücker" wird zum stummen Gehilfen; das Gerät ist über Kabel mit der Klaviatur des Spieltisches verbunden. Der Orgelbauer bläst die Pfeife an, berührt mit dem Stimmhammer ihr Kopfende, hört, wenn sie zu schnell anspricht, die Töne sich verschieben. Er hilft mit dem Werkzeug nach, verändert den Pfeifenmund. Höchste Anspannung und Konzentration. Ein Moment der Unachtsamkeit – die Pfeife wäre ruiniert. Stunden vergehen. Keine Pause für das Konzert der Kammertöne, da und dort ein längeres Solo. Jede Pfeife – die größte mißt fünf Meter, die kleinste einen Zentimeter – sucht ihren Platz im Orchester. Ihre Länge wird nach altem Maß berechnet. Sechsundzwanzig Zentimeter sind ein Fuß.

Andreas Rösel über Holger Hercher: *Er sagt, was er denkt. Er ist ein direkter Mensch. Wenn es um Holz geht, kann ihm keiner etwas vormachen. Er beschäftigt sich gern mit den Windladen und der Mechanik. Ich bleibe ein „Behelfstischler". Deshalb ergänzen wir uns gut. Bei Problemen, die sich nicht gleich lösen lassen, hilft oft die räumliche Trennung, bedingt durch die verschiedenen Baustellen.*

Das Herzstück der Orgel ist die Windlade. Ihr schenkt Holger Hercher besondere Aufmerksamkeit. Die Luftbehälter aus Eiche werden nicht in die Werkstatt transportiert. Das andere Klima könnte ihnen schaden. „Warmleim ist das A und O für uns", sagt Holger Hercher. „Wir müssen

Holzteile, zum Beispiel in den Windladen, vom Leim wieder trennen können. Schafleder eignet sich zum Kleben am besten, weil es weich und schmiegsam ist. Wurde vorher falscher Leim verwendet, kratzen wir stundenlang, schaben und scharren Millimeter um Millimeter, bis die Reste entfernt sind." „Nicht drücken!" - ein Schild warnte die Restauratoren in Gotha. „Ich mußte die Nachricht befestigen, weil die Holzteile brüchig wie Zunder waren. An geflößte Eiche geht der Holzwurm nicht ran, aber weiche Fichte ist für ihn ideal." Holger Hercher steigt auf die schmale Metall-Leiter. Bevor er mit dem Schraubbohrer die neuen polymentvergoldeten Verzierungen anbringt, prüft er die Beschaffenheit des Prospekts. „Wasser, Holzwurm und der Mensch sind die größten Feinde der Orgel. Zu DDR-Zeiten wurden gefährliche Holzschutzmittel eingesetzt. Sie waren ölig und kristallisierten sehr schnell aus. Reste dieser Substanzen wirken immer noch, wer weiß, wieviel wir davon über unsere Haut aufnehmen."

Im Oberwerk steht ein Elektrokocher. Lehrling Friedemann verliert den erhitzten Leimtopf nicht aus dem Auge, während er nach einem passenden Lederstück für die Spalte im Windkanal sucht. „Jeder von uns hat seinen Lehrling", sagt Holger Hercher. „Ich vermittle Friedemann meine Erfahrung, Andreas hat Michael an seiner Seite. Wir bilden im Moment nur diese beiden Lehrlinge aus. Sie sind vorbelastet, stammen aus Orgelbauer-, Kantoren- und Pfarrersfamilien. Sie müssen genauso selbständig arbeiten wie wir, können nur selten nach Schmiedefeld und Schleusingen fahren, wo sie wohnen. Vielleicht bleiben sie im Handwerk. Zur Gesellenprüfung bauen sie ein kleines Portativ mit Balg und zwölf Pfeifen, eine komplette Oktave."

Holger Hercher ist Geselle geblieben. „Ich betrachte das nicht als Mangel. Andreas Rösel hat seinen Meister in den achtziger Jahren gemacht. Heute kostet die Prüfung um die dreißigtausend Mark. Die Summe kann ich nicht aufbringen, und mir fehlt einfach die Zeit zur Vorbereitung. Bringt der Meister etwas für die Zukunft oder handelt es sich nur um einen Titel, damit man in Deutschland ein Gewerbe betreiben kann? Ich habe abgewägt, mich entschieden und bin zufrieden."

Er läßt seinen Gefühlen und Gedanken freien Lauf. „Ich habe 'ne Menge Sprüche auf Lager. Mein Lebensmotto lautet: ‚Kopf hoch, wenn der Hals auch dreckig ist.' Ich fluche, wenn mir danach ist, und wenn es gut läuft, dann sage ich schon mal ‚Na bitte, liebe Brigitte'. Ordnung ist unser halbes Leben. Bei der Demontage der Orgel wird jedes Teil dokumentiert und beschriftet. Nach diesem Plan erfolgt der Einbau. Wenn wir dann unser Werkzeug nicht finden, das wäre nicht auszuhalten. Wir belegen die Balustrade vor der Orgel, die Fensterstöcke und Bänke. Ich weiß nicht, wieviel Tonnen Werkzeug wir manchmal befördern. Unsere Lehrlinge kennen das Ordnungsprinzip; sie sind auch nicht auf den Kopf gefallen, haben eine japanische Säge entdeckt, für Längs- und Querschnitt, die wir gern verwenden."

Das schwere Gangholz mit Trampelis Namenszug steht zwischen anderen abgebauten Brettern hinter der Empore. Keine Nachricht in der Windlade oder an den Lagerbalken über Baukosten, Witterung, die Ernte oder den Kirchenvorstand. Rösel & Hercher suchen nach den Geschichten, die sich in der Orgel verbergen. „In Saalfeld wußte kaum jemand etwas über Johann Georg Fincke, der ein Zeitgenosse von Bach war", berichtet Andreas Rösel. „Er stammte aus Jena, siedelte 1709 nach Saalfeld um und baute in der Gegend viele Orgeln, nur eine existiert noch in Altenbeuthen. Sie ist mehrfach verändert worden, müßte restauriert werden, doch der Gemeinde fehlt das Geld. In Gera hat Fincke 1722 eine Orgel in der Johanniskirche errichtet, ,von ganz ungewöhnlicher Größe', begutachtete Bach. Leider zerstörte sie der große Stadtbrand von 1780."

Im 17. Jahrhundert wirkten in Saalfeld mit fürstlichem Privileg die ersten Orgelbauer, Kappauf, Hartwig, Fincke; die Tradition endete im 19. Jahrhundert mit Glaser. Rösel & Hercher fühlen sich diesen Meistern verpflichtet und bekennen: „Lange Zeit wurden sie unterschätzt, dabei wußten sie mehr als wir, waren nicht so überfordert von Eindrücken, die uns heute vereinnahmen. Wir hatten die Romantik, die Pneumatik, die brachte im Orgelbau gravierende Veränderungen, völlig neue Trakturführungen. Dann kam die Elektrik. Und dann wußte keiner mehr, wie eine mechanische Orgel gebaut wurde. Erst in den fünfziger Jahren geschah die Rückbesinnung. Mit unserer Auffassung lagen wir da schon längst richtig und mußten das Fahrrad nicht neu erfinden."

Ein Leben ohne Orgel können sich Rösel und Hercher nicht vorstellen. Obwohl sie den Begriff „Königin der Instrumente" für arg strapaziert halten, müssen sie zugeben, daß ihnen keine bessere Formulierung einfällt. Sie sprechen lieber von Philosophien und Techniken, vom Universum der Töne und Klänge. Seit über zweitausend Jahren werden Orgeln gebaut. So weit verlieren sich die Saalfelder nicht in der Zeit. Sie lesen oft in den alten Kontrakten, merken, die Abhängigkeiten ha-

ben sich nicht geändert. Mißtrauische und skeptische Auftraggeber, schwierige Finanzlage und wachsame Konkurrenz. Die Wahl der Worte im Umgang miteinander ist anders geworden, nicht mehr so umständlich und direkt, denken beide, „vielleicht, weil wir jetzt in einer sehr guten Zeit leben, einer langen Zeit ohne Krieg."
Die Bürokratie bürdet ihnen weitere Probleme auf, der Aufwand für Organisation nimmt zu. Ohne Computer und Handy geht nichts mehr. Sie planen lange, mindestens ein Jahr vor der eigentlichen Arbeit. Ihre Aufträge für 1999: Leipzig (Lutherkirche), Hildburghausen, Themar, Crawinkel, Bad Sulza, Gorndorf bei Saalfeld, Leutersdorf bei Meiningen. Im Jahr 2000 ein Orgelneubau, in Orlamünde. Das erforderliche Holz lagert längst hinter der Werkstatt Unterm Breiten Berg.
In Gefell stimmt Trampelis Orgel ihr Orchester, noch sind die Ränge leer und drängen die Säulen in den abendlichen Schatten. Die Register soufflieren, Zungenstöße erschüttern Trompeten, Flöten tirilieren, die Schalmei exerziert und Streicher rezitieren – erfundene Komposition eines Intonateurs, erdnah und doch dem Himmel zugewandt.
„Die Orgel findet ihre Seele", sagt Andreas Rösel.

Trampeli-Orgel in Gefell. Der Gehäuseprospekt ist ausgeräumt ...

Blick auf die offene Klaviatur mit Haupt- und Nebenmanual.

Blick in das Innere der Orgel – die Trakturen.

Ein Leben ohne Orgel, für Holger Hercher undenkbar. Im Hintergrund Lehrling Friedemann.

Foto: A. Kirchner

Andreas Rösel beim Intonieren – „die Orgel findet ihre Seele".

Foto: A. Kirchner

Müllermeisterin Christel Wehner.

„Kein Rädchen läuft umsonst"

Christel Wehner, Müllerin, Jahrgang 1941, Weilar/Rhön

Holtz, Eißen, Frucht und Stein
Braucht man zum Mühlwerk insgemein –
Dieses mus der Müller vor allen Dingen
Mit Kunst und Fleiß zusammenbringen –
Und wenn ander Leuth möchten ruhn und schlaffen –
So mus der Müller erst recht hart schaffen.
Alter Zunftspruch

Wer zuerst kommt, mahlt zuerst. Hinter dem Wehr der Brückenmühle staut sich aufgehügeltes Eiland. Grünbemooste Basaltsteine belagern die Bauminsel – Strandgut, das die Felda stromauf mit der Flut abwirft. Oben auf dem Hügel, unmittelbar am angrenzenden Gartengrundstück, besetzen kletterfreudige Hühner ihr Revier. Sie beobachten argwöhnisch, wie ich gebückt ins kalte, klare Wasser greife. Forellen, die im April flußaufwärts ziehen, haben wohl heute einen anderen Kurs genommen. Ich entdecke herzförmig geschliffene schwarze Basaltstücke unter dem Wasser. Sie ankern fest im Sand und lassen sich nur mit Mühe ausgraben. Locker gehäufte Steine treibt die Flut wieder fort, aus Weilar, ein Stück zur Mündung am „Fischbacher Wässerchen", auf einem Weg, der sich nicht mit menschlicher Zeit messen läßt.
Die Müllerin Christel Wehner lenkt für eine kurze Strecke den Weg des Wassers. Vor dem Wehr fließt es fast stehend in den Mühlgraben. Ein besänftigtes Wasser, das in der Nacht schwarz unter der Brücke ruht. Die quirligen Strudel schießen über das Wehr und treffen sich hinter der Insel mit dem Wasser, das nach getaner Arbeit die Mühle verläßt. Ihren Fluß, die Felda, kennt die Müllerin. Sie ist am Wasser geboren. Als Kind tauchte und schwamm sie in der Felda, ein junger Fluß, dessen Quelle entspringt nur zwanzig Kilometer entfernt am Fuße des „Ellenbogen", der höchsten Erhebung der Thüringischen Rhön.

„Wasser verändert jeden Stein, Wasser ist eine Macht", sagt sie. „Ich habe mich an mein Wasser gewöhnt, wäre ich woanders, würde es mir fehlen."

Wuchtig steht das dreistöckige Backsteingebäude am Wasser. Keine alte Mühle. „Ihre Vorgängerin mußte brennen, behaupteten damals böse Zungen", erinnert sich Christel Wehner. „Der Besitzer wollte ein Wohnhaus auf diesem Grund errichten. Doch das Gebäude mußte wieder Mühle werden. Mein Vater Karl und sein Bruder Hermann erwarben 1931 die auf Sandstein gegründete Mühle. Der Bruder blieb in Bad Salzungen und betrieb die Werramühle meines Großvaters August Döbling weiter. Meine Eltern zogen nach Weilar in die Brückenmühle. Als ich geboren wurde, war meine Mutter schon dreiundvierzig Jahre alt. Ich bin ein kleiner Nachzügler. Mein Bruder Werner, 1924 geboren, gelernter Müller, ist 1943 im Zweiten Weltkrieg umgekommen. Nun war kein männlicher Nachkomme mehr da für die Mühle. Was blieb uns weiter übrig, ich wurde gar nicht nach einem anderen Berufswunsch gefragt. Mein Vater bestimmte: ‚Bei uns wird immer gemahlen. Du mußt Müllerin werden.'"

Der Windmüller hißt einen bunten Wimpel auf dem Dach, wenn der Wind bei ihm einkehrt. Christel Wehner schaut auf die Uhr und sagt sich um zehn Uhr morgens „Glück zu". Der alte Müllergruß bleibt unerwidert. Wer zuerst kommt, mahlt zuerst? Lang ist's her, als die Bauern im Hof in einer Schlange mit Handwagen und anderem Gerät warteten, ihren Zentner Getreide abluden und dafür Mehl bekamen, während ihre Frauen zu Hause die Backöfen heizten und die Brotschieber bereitstellten. Die leeren, manchmal zu großen Säcke, wurden mit den Namen der Eigentümer beschriftet. Stand kein Name darauf, wußte Christel Wehner trotzdem, wem der Sack gehörte.

Im Turbinenraum, der sich überm Mühlgraben befindet, dreht Christel Wehner im Uhrzeigersinn ein Eisenrad. Die einen Meter sechzig tief im Wasser liegende Turbine öffnet ihre Schaufeln und setzt dreißig PS in Gang. Es dauert nur drei, vier Sekunden, bis das Wasser – zweihundert Liter in der Sekunde – auf die Schaufeln fließt und seine Kraft mittels Tellerrad nach oben überträgt. Ein Labyrinth von Transmissionsriemen setzt sich in Gang.

Ich warte neugierig auf das erste Geräusch und vermute das sprichwörtliche Klappern am rauschenden Bach, während es gleichmäßig rumpelt und pumpelt. Ich fühle mich auf ein riesiges Holzschiff mit ächzender, knarrender Takelage versetzt. Von nun an können wir uns mit Worten schwer verständigen. „Herr Bachmann", die älteste von drei ansässigen schwarzen Katzen, reagiert gelassen und verkrümelt sich zum Freßnapf.

„Kein Rädchen läuft umsonst", sagt Christel Wehner, greift blitzschnell mit beiden Händen das Steuerseil des Mühlenfahrstuhles und dreht sich mit elegantem Schwung ins hölzerne Gehäuse. Schwupp, bitte, in die erste Etage, zum Walzenboden. Ich muß mit der schmalen Treppe vorlieb nehmen und taste etwas schräg geneigt vorsichtig nach oben. Die Mühle läuft erst Minuten, aber schon ist meine schwarze Jacke am Ärmel von winzigen Mehlflusen bestäubt. Die Lungen saugen tief den kräftigen, säuerlichen Geruch aufgebrochenen Getreides. Ich muß an frisches, kühles Malz denken und an eine alte Brauerei. – Christel Wehner steht längst am Treppenabsatz und fragt lächelnd: „Noch höher?" Aus dem Schwung wird eine Pirouette, auf dem Absatz gedreht. Bitte, in den Rohrboden. Die Müllerin agiert elegant wie eine Tänzerin, immer am Seil entlang. Unterm Dach, auf dem Sichterboden endet die Reise. Am weit geöffneten Lukenfenster hängt ein Zeiss-Fernglas. Verhuckte Bauernscheunen, von Wind und Wetter gedunkeltes Fachwerk, vor kurzem gedeckte Ziegeldächer, Pfarrhaus und Kirche, gegenüber das neue Gebäude der Tischlerei Ollesch, wo Tochter Cornelia arbeitet. Dahinter der Salzunger Berg mit geschlossener Waldkette.

Heftiger Nachtregen mit Sturm und Gewitter hat die Farben der Landschaft aufgefrischt; die Wiesen wetteifern untereinander um das schönste Grün. Buchonien, still und unberührt.

„Mahlen, Sichten, Fördern, das ist das ganze Geheimnis meines Handwerks. Daran hat sich seit jeher nichts verändert", vereinfacht Christel Wehner die Vorführung. Der Rundgang durchs Mühlengebäude dauert zwei Stunden, und ich bin fast so schlau wie vorher. Riemen, Zahnräder und Ketten, Kurbeln und Rädchen greifen drehend, rüttelnd, stampfend und schlingernd ineinander. Wie oft haben Hände hier die Stiele der Hämmer angefaßt, Bürsten und Zangen benutzt, den Sackkarren gewendet, Kilogewichte und Handschütten zur Zentnerwaage getragen, die handgroßen quadratischen Deckel in den genagelten Holzröhren geöffnet und mit Hebeldruck den Strom des Mahlguts in eine andere Richtung geleitet.

Mit beruhigendem Blick tröstet mich die Müllerin: „An einem Tag wird keiner zum Müller." Später drückt sie mir Fachliteratur in die Hand, die auch dem Laien verständlich Auskunft gibt, wie das Roggenkorn in den Walzenstühlen zermahlen, in den Plansichtern gesiebt und zum Rohrboden gefördert wird.

Das Müllern ist Schwerarbeit, die einer Frau alles abverlangt. Zwölf Jahre hat Christel Wehner gelernt. 1956 beendete sie die Lehre, wurde Gesellin. Den Meisterbrief erhielt sie 1968.

„Ich bin eine richtige Müllerin, und davon gab es in der DDR nicht viele. In den Mühlenkombinaten waren Industriemeister beschäfigt, die verarbeiteten Getreide. Zur Gesellenprüfung mußte ich den Schrotgang schärfen. Das waren noch die alten Natursteine, und die ließen sich ganz schwer scharfmachen. Ich mußte die harte Oberfläche aufrauhen und nach bestimmten Regeln Furchen ziehen, alles von Hand. Walzeneinstellen wurde zur Meisterprüfung gefordert und das Bespannen der Sichtersiebe."

Eine Walze wiegt vier Zentner. Die Walzen wurden früher vor jeder Ernte gewechselt, denn eine scharfe Walze bringt mehr Mehl. Jetzt geschieht das alle zwei Jahre. Eine Firma in Gotha riffelt die Walzen neu. Vor 1989 kostete dieser Vorgang pro Walze fünfunddreißig Mark, heute dreihundert D-Mark.

Die Döblings ersetzten nach 1945 den alten Diesel in der Mühle durch einen Elektromotor. Die Müllerin kann sich an den Lärm des Diesels nicht mehr erinnern. „Ich war noch zu klein. Das Gebäude muß gebebt haben. Technische Katastrophen gab es in unserer Mühle nicht, dafür kleine Schwierigkeiten. Ersatzteile waren wie überall schwer zu beschaffen. Schon ein defekter Lederriemen konnte Probleme bereiten. Ein alter Turbinenbauer in Suhl-Heinrichs hat uns geholfen, als das Tellerrad kaputtging. Die Reparatur dauerte fast ein ganzes Jahr. In dieser Zeit stand die Mühle nicht still, wir haben mit Strom überbrückt. Das konnten wir damals noch bezahlen. Man mußte sich etwas einfallen lassen, alles selber machen. Genau wie heute."

Glück für die Brückenmühle, daß Heinz Wehner, der Ehemann, gelernter Autoschlosser ist. Beide haben sich auf dem „Heiratsmarkt", dem traditionellen Rhöner Volksfest in Kaltennordheim, zum erstenmal getroffen. Dort wurde aber keine Hochzeit gestiftet. Die fand 1966 statt. Vater Döbling erkannte die Talente seines zukünftigen Schwiegersohnes und machte mit seiner Tochter gemeinsame Sache: Aus dem Autoschlosser wurde ein gelehriger Müllergeselle. 1968 übergab Karl Döbling seiner Tochter die Mühle und damit die ganze Verantwortung.

Christel Wehner kennt die Geräusche des Wassers und der Maschinen. „Wenn man mit der Technik zu tun hat, hört man, was schneller oder langsamer läuft. Das Ohr ist immer irgendwo in der Mühle. Wir haben an den Maschinen kleine Hupen befestigt. Kommt es zum Stau, ertönt ein Signal. Dann muß ich sofort die Ursache suchen, finden und den Fehler beheben."

Man backt kein Brot ohne Mehl. Wenn das Brot nicht gerät, liegt es am Müller, sollen die Bäcker unzufriedenen Kunden sagen. Diese Ausrede ist Christel Wehner selten zu Ohren gekommen. Die Müllerin produziert Roggenmehl Type 997. Damit beliefert sie die Bäcker in Geisa, Kieselbach, Völkershausen, Oechsen und Dermbach. Die Zahl ihrer Kunden ist in den letzten Jahren geschrumpft. In der DDR belieferte die Brückenmühle die Bäcker im ganzen Feldatal, von Bad Salzungen bis Geisa. Die Werramühle in Bad Salzungen übernahm bis zu ihrer Schließung in den siebziger Jahren die Tour nach Eisenach, Ruhla und Meiningen. Zehn Jahre nach der Wende zieht Christel Wehner ein kritisches Fazit.
„In der DDR arbeiteten wir unter schwierigen Bedingungen. Ein Kontingent bestimmte, wieviel Mehl wir produzieren durften. War es ausgeschöpft, konnte man ein Zusatzkontingent beantragen. Wir lieferten mit dem Lkw gesackte Ware, fünfundsiebzig Kilo pro Sack. Die erste Loselieferung ging an die Konsum-Großbäckerei in Stadtlengsfeld, drei Kilometer von uns entfernt. Da war jemand, den wir gut kannten. Von privaten Mühlen durfte diese Bäckerei nicht angefahren werden. Wir waren eine heimliche Ausnahme. Deshalb lieferten wir Säcke ohne Etikett oder bei Nacht und Nebel. Die Brückenmühle hätte dreihundertfünfundsechzig Tage im Jahr arbeiten können. Ich hatte ein bißchen darauf gehofft, daß dies nach der Wende gelingt. Mein Wunsch hat sich leider nicht erfüllt. Die Großbäckerei wurde geschlossen. Standen wir in der DDR den Kombinatsbetrieben gegenüber, sind es heute die neuen, mit Fördermitteln gebauten Großmühlen in der Region. Die machen die kleinen Mühlen, die irgendwie überlebt haben, restlos kaputt und treiben den Mehlpreis in den Keller. Es gibt nur eine geringe Differenz zum Getreide-Einkaufspreis. Wir müssen unser Mehl teurer verkaufen, um etwas zu verdienen. Da bestellt kein Bäcker mehr Mehl bei uns. Wenn etwas zu verdienen wäre, sähe die Zukunft anders aus."

Das Müllerhandwerk ist mit Sprüchen, Zunftversen, Liedern und Lebensregeln reich gesegnet. Dem Wassermüller werden folgende Eigenschaften nachgesagt: rotbackig, kugelrund, trinkfest, gesellig und geschäftstüchtig. Christel Wehner ist eine schlanke Person. Sie hat gern Menschen um sich herum, aber die sollen ihr nicht „reingucken und reinreden". Ob sie einen anderen Müller unter den Tisch trinkt? Ich wage die Frage nicht zu stellen. Weiß aber, daß die Müllerin einen guten trockenen Rotwein nicht verachtet.

Ihre Eltern haben sie zur Sparsamkeit erzogen. Noch heute wird das Mehl, das beim Absacken verstäubt, zusammengekehrt und erneut im Sichter gesiebt. Die Müllerin versteht zu haushalten. Bei den vielen Ausgaben ist das manchmal ein Wunder.

1993 haben die Wehners einige leerstehende Lagerräume zur Pension ausgebaut und dafür einen Kredit aufgenommen. Die Müllerin mußte Schulden machen. Eine Situation, die sie belastet, weil sie gerne alles geordnet und vom Tisch hätte.

„Die Mühle läuft jetzt im Nebenerwerb. Mein Mann fährt seit einigen Jahren im Kurierdienst für eine Sparkasse, er würde lieber in der Mühle arbeiten. Über Alternativen haben wir viel nachgedacht. Biomehl zum Beispiel. Aber da haben wir hier keinen Absatzmarkt, das Produkt ist viel zu teuer. Eigentlich stellen wir das Mehl ökologisch, alternativ her, bekommen aber keine Vergünstigung vom Staat. Im Gegenteil. Mühlen mit hohem Energieverbrauch kriegen den Strom billiger, weil sie größere Mengen abnehmen. Wir verbrauchen viel weniger Energie und sind in einen höheren Tarif eingestuft. Wir mußten uns etwas einfallen lassen und kamen auf unser zweites Standbein, den Tourismus. Jedes Zimmer für die Pension habe ich selbst tapeziert, mit meiner Tochter zusammen. Hauptsächlich buchen Geschäftsleute, Urlauber und Montagearbeiter. Seit wieder einheimische Firmen in die regionale Wirtschaft einbezogen werden, bleiben manchmal die Zimmer leer. Wir haben den Garten umgestaltet, mit Swimmingpool, Liegestühlen, bieten Hausgeschlachtetes."

Christel Wehner versteht ihre Pension als einen Ort, an dem sich Menschen begegnen können. Sie kann sich fast vor Lachen nicht mehr halten, wenn sie von einer besonderen Gästeschar erzählt.

„Das sind die Mitglieder der Deutschen Äschengesellschaft. Sie reisen aus Leipzig, Frankfurt am Main und München an, ein Ire ist dabei und ein Engländer. Die fangen nicht einen Fisch. Und kommt ihnen eine

Äsche oder Regenbogenforelle an die Angel, schenken sie ihr die Freiheit. Es ist wie in der Oper und die dauert mehrere Akte. Alle reden durcheinander, gucken in jedes Auto und begutachten die Angelausrüstung. Hat der eine neue Hose oder neue Stiefel, woher kommt die bunte Feder am Hut? Bis die Truppe an die Felda geht, das braucht seine Zeit. Vorher angeln alle auf unsrer Wiese, da muß ich die Schwarzkopfschafe wegsperren. Die Äschenfreunde genießen das Fischen, schlechtes Wetter macht ihnen nichts aus. Sie schätzen die Felda, die früher ein sehr schlechtes Wasser hatte, weil die LPG ihre Gülle abließ. Erst nach der Wende gab es wieder Fische."
Für ihre Gäste ist die freundliche Müllerin immer zu sprechen. Deshalb achtet sie auf ihren guten Ruf und legt Wert auf das Prüfzeichen „Landurlaub" – ein Gütesiegel, das die Deutsche Landwirtschaftsgesellschaft nur nach strengem Reglement vergibt.
„Alle zwei Jahre wird unser Haus geprüft", sagt Christel Wehner. „Aber denken Sie nicht, daß der Besitz des Prüfsiegels eine kostenlose Angelegenheit ist."
Niemals hätten die Döblings ihre Mühle für Geld und gute Worte hergegeben. In der DDR wurden sie immer gedrängt, das Anwesen an den Staat zu verkaufen. Sie weigerten sich und bekamen zwangsläufig Schwierigkeiten.
Christel Wehner muß an dieser Stelle die schon oft erwähnte Episode von der Mehlprobe noch einmal schildern. In regelmäßigen Abständen prüfte das Bezirkslabor in Themar das Mehl der Brückenmühle auf Qualität. Nie gab es Beanstandungen. Als die Proben negativ beurteilt wurden, trickste Heinz Wehner. Er füllte zwei Proben vom gleichen Mehl ab und ließ sie vom Weilarer Bürgermeister als Zeuge amtlich versiegeln. Eine Probe schickte er nach Themar, die andere in den Bezirk Erfurt, nach Bad Langensalza. Die Nachricht aus Themar lautete wieder: Mehlprobe entspricht nicht der TGL-Norm. Bad Langensalza schrieb: Keine Beanstandungen. Eine Beschwerde aus der Brückenmühle landete im Ministerium, mit Erfolg. „Wir hatten uns durchgesetzt, zu Recht", sagt Christel Wehner, „doch von nun durfte der Bezirk Erfurt keine fremden Proben mehr untersuchen."

Das Wandern ist des Müllers Lust. Der Brückenmüller Karl Döbling war ein umsichtiger Mann. Stritten sich in seiner Mühle die Kunden um den besten Platz in der Reihe, schimpften und „schnirbelten" sie, wie Christel Wehner sagt, platzte ihm der Kragen. Er hing sich einen Spruch in die Mühle, der auch heute noch zu lesen ist: „In diesem Raum besteht die Pflicht für jeden / mit Höflichkeit zu handeln und zu reden." Früher traf so ein Spruch auch auf die wandernden Gesellen zu, die nach dem Willkomm des Müllers um Arbeit vorsprechen durften. Diese Zeiten erlebte der Brückenmüller von Weilar nicht mehr. Ein weiterer Grundsatz des Brückenmüllers, den er von seinen Eltern übernahm und auf seine Familie übertrug: Kinder haben in der Mühle nichts zu suchen. Christel Wehner hat dieses Gebot auch ihrer Tochter vorgelebt. Sie selbst verbrachte eine typische Kindheit auf dem Dorfe, die von Geborgenheit in der Familie geprägt war. Was Tag für Tag in der Mühle geschah, erfuhr sie aus den Gesprächen der Erwachsenen. Sie packte im Haus mit an, half der Mutter, versorgte das Kleinvieh, Schweine, Hasen, Geißen.

„Mein Vater war sehr klug, sehr streng, der beste Vater. Was er sagte, hatte Hand und Fuß. Nur zweimal im Leben hab' ich von ihm Schläge bekommen. Heute sage ich, mit Recht. Ich hab' mich nur wenige Male einer Aufgabe verweigert. Mein Vater besaß da eine Seelensgeduld, doch als ich keine Mondsgesichter für die Schule malen wollte, wurde es ernst. Ich kann Ihnen heute noch in der Küche die Fliese zeigen, wo ich mir den Hintern gekühlt habe. Nach diesem Erlebnis habe ich jahrelang Mondsgesichter gemalt, auf Tapete, auf die Fensterscheiben, jedes Pünktchen, Komma, Strich. Ich mußte mit mir klarkommen, das hat gedauert. Mein Vater betrachtete Verantwortung mit seinem Verständnis. Manchmal waren seine Methoden sehr direkt. Ein Beispiel: 1956, ich war aus der Schule gekommen, hat er mir das Autofahren beigebracht. Wenn ich mit nach Bad Salzungen fuhr, hielt er auf der Rückfahrt oben am Salzunger Berg an und sagte: ‚Jetzt fährst du!' Ich habe mich gesträubt. Er antwortete nur: ‚Wenn du jetzt nicht fährst, steig ich hier aus, lauf übern Wald, und wehe, du kommst nicht ganzbeinig nach Hause'. Da hab' mich ans Steuer gesetzt, und es ging. Seitdem fuhr ich regelmäßig. Oben wurde umgestiegen. ‚Also, Mädchen, merk dir das, gib hier oben noch mal richtig Gas'. Dann Gang raus und Motor aus, und ich mußte um eine bestimmte Kurve fahren. Meine Fahrkünste blieben in Weilar nicht verborgen. ‚Fräulein Döbling, fahren Sie mal zuerst, Sie wissen ja Bescheid', sagte der Fahrlehrer mit innerer Befriedigung. Mit Achtzehn hatte ich meine Fahrerlaubnis in der Tasche ..."

Christel Wehner ist immer am Wasser geblieben, nur einmal ist sie in den Urlaub gefahren, an die Ostsee. Damals lebten die Eltern noch, die paßten auf die Mühle auf. „Meine Mutter ist sechsundneunzig Jahre alt geworden. Sie hat uns unterstützt, wo sie nur konnte. Nach einem Schlaganfall war sie nicht mehr so auf den Beinen. Sie hat uns alle bestrickt und dabei ferngesehen. Kamen wir aus der Mühle, hat sie uns die Nachrichten erzählt. Wenn sie mal was nicht mitbekam, hat sie gesagt, es wird Zeit, daß ihr selber guckt."
Christel Wehner braucht Menschen um sich. Sie ist kein Typ, der gern allein ist. Ein Umzug in die Großstadt würde ihr schwerfallen. Sie liebt die Weite um sich, ihre Rhön. Zeit sei schon, in die nähere Umgebung zu wandern. Aber weiter auch nicht, sie könne ja ihre Mühle nicht mitnehmen, und die muß laufen. Wenn sie stillsteht, stirbt sie. Ein beunruhigender Gedanke für die Müllerin, die ihre Tochter nicht fürs Müllerhandwerk gewinnen konnte. Pension und Mühlenmuseum? Christel Wehner zuckt mit den Schultern. Noch steht die Zukunft der Brückenmühle in den Sternen ...
Wasser ist eine Macht, umschreibt Christel Wehner ihre Lebensphilosophie. Was würde sie auf eine ferne Insel mitnehmen? Die Mühle nicht, auch keine persönlichen Gegenstände. Die Erinnerungen an Menschen, die nicht mehr leben, sind ihr wichtig. „Die Erinnerung bleibt, trotzdem", sagt Christel Wehner. Mehr will sie im Gespräch nicht preisgeben.
Mittlerweile naht der Nachmittag. Herr Wehner fährt gegen sechzehn Uhr über die Feldabrücke in den Mühlenhof, trinkt eine Tasse Kaffee und zündet den Motor des Tanklasters.
„Das Mehl, das ich heute gemahlen habe, braucht der Bäcker in Völkershausen. Ein Anruf kurz vorm Pfiff, früh um sieben", sagt die Müllerin. „Nun wird's Zeit, daß es aus der Mühle kommt."
Um zwanzig Uhr dreht Christel Wehner das Rad, die Turbine schaufelt langsam und die Geräusche verebben.
Stille. Eine Stille, die mir sagt, da ist auch noch etwas anderes in deinem Leben. Ein Gleichmaß, das mir verloren ging. Irgendwie beneide ich Christel Wehner um diese Erfahrung in ihrer Mühle. Die Müllerin unterbricht meine Gedanken: „Früher habe ich Nachtschichten machen müssen. Da war es schlimm, wenn die Mühle stehen blieb. Wirklich unheimlich. Das Holz knackt, Körner rieseln. Nein, nein, da sitzt kein Teufel auf dem Mahlgang. Mit Geistergeschichten kann ich nicht die-

nen. Ein Teufel in der Mühle wäre mir nicht recht. Gute Geister könnte ich schon ab und zu gebrauchen."

Ob ich mich morgen früh mit „Glück zu!" verabschieden darf, frage ich Christel Wehner. Lachend sagt sie: „Bitte!" Das Wort kommt ihr ganz spontan über die Lippen. Die Müllerin weiß, daß mich das Wasser der Felda künftig begleiten wird. Wer ihm einmal folgt, dem wandert es nach.

Blick auf die Mahlstühle im Walzenboden. Sie stammen aus den 30er Jahren und arbeiten immer noch zuverlässig.

Die Mühle muß laufen. Im Rohrboden stapeln sich die prall gefüllten Säcke mit Kleie.

Christel Wehner kontrolliert die einzelnen Mahlstufen.

Heinz Wehner – Müllergeselle mit Leidenschaft.

Das Müllern ist Schwerarbeit. Im Hintergrund einige der vier Zentner schweren Walzen.

Noch ruht das Wasser der Felda im Mühlenwehr ...

Immer am Seil entlang, im Mühlenfahrstuhl.

Auf dem Sichterboden. In den rüttelnden Plansichtern wird das Mehl gesiebt.

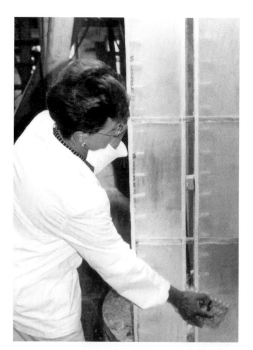

Mit feinstem Perlon bespannte Siebrahmen, dazu die passende Bürste, besteckt mit Ziegen- und Roßhaar.

Im Labyrinth der hölzernen Rohre „wandert" das Mehl. Christel Wehner bestimmt seinen Weg ...

Alles bereit für zum Füllen der Säcke ...

Quellenverzeichnis

Albert Böhm: Lauschaer Leut', Gestalten und Namen vom Thüringer Wald, Lauscha 1977.

Wieland Führ (Hg.): Reine Borsten. Bilder und Texte über den Bürstenmachermeister Kurt Steinbrück aus Namburg/Saale, Naumburg 1993.

Gefeller Heimatbuch. Aus dem Leben einer kleinen Stadt. 2. Teil. Erarb. von Werner Rauh, Gefell, o. J.

Glück zu! Mühlengeschichten erzählt von Gabriele Stave. Fotografische Aufnahmen von H.-Joachim Boldt und Werner Popp, Leipzig 1984.

Rudolf Hundt: Zeitungsbeiträge über den Kraftsdorfer Sandstein, in: Volkswacht und Thüringer Neueste Nachrichten, Gera 1955, 1957 und 1960.

Thüringer Spielzeug aus Sonneberg. Die Tradition der Herstellung von Spielzeug in Stadt und Land Sonneberg (Katalog), Hamburg 1997.

400 Jahre Lauscha. Festschrift zur 400-Jahrfeier von Lauscha, Sonneberg 1996.

Emil Joseph Lehmacher, Michael Berger: Die Geschichte der Rydel-Seifferschen Stimmgabel, Mainz 1992.

A. Opderbecke/H. Wittenbecher: Der Steinmetz. Reprint der Originalausgabe von 1912, Leipzig, Holzminden o. J.

Rudi Palla: Verschwundene Arbeit. Ein Thesaurus der untergegangenen Berufe, Frankfurt am Main 1994.

Linus Präßler: 125 Steinmetzbetrieb Gäbler in Oberndorf und das Steinmetzhandwerk, Manuskript, Oberndorf 1996.

Reinhold Reith: Lexikon des alten Handwerks. Vom späten Mittelalter bis ins 20. Jahrhundert, 2. durchges. Aufl., München 1991.

Peter Remund: Vom Korn zum Brot. Auslese aus dem Dichterschatz, Wetterregeln und Sprüchen, Lenzburg/Schweiz o. J.

Lutz Röhrich: Lexikon der sprichwörtlichen Redensarten. 2 Bde., Freiburg/Basel/Wien 1973.

Karl Schloßmacher: Edelsteine und Perlen. 3. erw. Auflage, Stuttgart 1962.

Sonneberger Geschichten. Von Puppen, Griffeln und Kuckuckspfeifen. Aus der Arbeitswelt unserer Großeltern. Band 2., Hildburghausen 1996.

Uwe Träger: „Gooft Leddern". Eine volkskundliche Studie zum traditionellen Handwerk des Holzlandes, Eisenberg 1982.

Danksagung

Autorin, Bildautor und Verlag danken allen, die das Entstehen des Buches freundlich, aufmerksam und kritisch begleitet haben. Ein ganz besonderer Dank gilt den

vorgestellten Handwerkerinnen und Handwerkern. Sie unterstützten bereitwillig unser Vorhaben.

Eine Bereicherung war die Zusammenarbeit mit Jutta Kloss vom Territorialkundearchiv der Stadt- und Regionalbibliothek Gera.

Mit Fachinformationen und anderen Hinweisen halfen: Willi Ströhlein, pensionierter Pinselmacher und ehrenamtlicher Museumsleiter des Deutschen Pinsel- und Bürstenmuseums Bechhofen (Mittelfranken); Helmut Warmuth, Pfarrer von Greiz-Reinsdorf und Heinz Wehner, Weilar.

Dank auch den Verantwortlichen für Presse- und Öffentlichkeitsarbeit der Handwerkskammern Südthüringen, Erfurt und Ostthüringen, besonders Bärbel Leib von der Handwerkskammer Südthüringen in Suhl.

Über die Autoren

Annerose Kirchner

geboren 1951 in Leipzig, aufgewachsen in Zella-Mehlis (Thüringer Wald). Steno-Phonotypistin, Tastomatensetzerin in einer Zeitungsredaktion. 1976-1979 Studium am Institut für Literatur „Johannes R. Becher" in Leipzig. Seit 1979 in Gera. Dort Tätigkeit am Theater (Dramaturgiesekretärin, Regieassistentin, Pressereferentin). Seit 1989 freie Autorin. Mitglied der Künstlergruppe „schistko jedno" Gera. Zahlreiche Lyrik-Veröffentlichungen in Anthologien und Künstlerbüchern. Zuletzt erschienen die Bände: „Im Maskensaal" (1989); „Zwischen den Ufern" (1991); „Gespräche-Texte-Bilder" (Künstlermonographie A. T. Mörstedt; 1997); Künstlerbuch „gefiltert" (mit „schistko jedno", 1997).

Frank Herzer

geboren 1950 in Kahla, Dipl.-Ing., lebt in Jena.